Experiências de Deus
em Jesus Cristo

Dados Internacionais de Catalogação na Publicação (CIP)
(Câmara Brasileira do Livro, SP, Brasil)

Roza, Araceli G.X. da
    Experiências de Deus em Jesus Cristo : catequese iniciática
com jovens e adultos / Araceli G.X. da Roza, Maria Aparecida dos
Santos, Manuel Freixo dos Santos. – Petrópolis, RJ : Vozes, 2013.

Bibliografia

4ª reimpressão, 2023.

ISBN 978-85-326-4488-6

1. Catequese – Igreja Católica 2. Educação religiosa de adultos
3. Educação religiosa de Jovens 4. Eucaristia – Ensino bíblico
I. Santos, Maria Aparecida dos. II. Santos, Manuel Freixo dos.
III. Título.

12-14192   CDD-268.434

Índices para catálogo sistemático:
1. Jovens e adultos : Catequese : Cristianismo
268.434

Ir. Araceli G.X. da Roza

Maria Aparecida dos Santos

Manuel Freixo dos Santos

Experiências de Deus
em Jesus Cristo

*Catequese iniciática
com jovens e adultos*

EDITORA
VOZES

Petrópolis

© 2013, Editora Vozes Ltda.
Rua Frei Luís, 100
25689-900 Petrópolis, RJ
www.vozes.com.br
Brasil

Editoração: Fernando Sergio Olivetti da Rocha
Diagramação: Victor Mauricio Bello
Capa: WM design

ISBN 978-85-326-4488-6

Este livro foi composto e impresso pela Editora Vozes Ltda.

Todos os batizados são chamados a "recomeçar a partir de Cristo", a reconhecer e seguir sua Presença com a mesma realidade e novidade, o mesmo poder de afeto, persuasão e esperança, que teve seu encontro com os primeiros discípulos nas margens do Jordão há 2000 anos [...] (cf. DAp, 549).

Sumário

Apresentação

Diante do atual contexto sociocultural acelerado pelos avanços tecnológicos, desafiado pela complexidade das redes sociais, agitado pelas desigualdades e violências, a Igreja insiste, profeticamente, no anúncio do único necessário, o qual vale a pena conhecer e acolher em nossas entranhas: Jesus Cristo. A tão falada **mudança de época** altera tantas coisas em nossa vida: valores, critérios, sentimentos, pensamentos, relações, compromissos. Como *navegar* neste tempo sem se *afogar*? Como conciliar a busca de sentido de vida e as ofertas fáceis e superficiais de felicidade; as inúmeras oportunidades e nossas convicções?

Nosso batismo nos insere numa relação amorosa com Deus; e relação é comunicação, exercício, diálogo, intimidade, silêncio, compromisso. A busca de Deus nos impõe uma relação contínua que nos capacite para a luta e alimente a paixão que o coração pede tanto. Para nós que acreditamos na vida e no Autor da Vida, não há dúvidas de que **somente com Ele é que se podem enfrentar** com sabedoria, serenidade e produtividade as novidades – algumas do Espírito Santo, certamente! – que têm surgido. Mais do que nunca todos nós precisamos abraçar o convite da Igreja que, como educadora e mãe, há dois mil anos vem nos fortalecendo e orientando: *"A alegria do discípulo é antídoto frente a um mundo atemorizado pelo futuro e oprimido pela violência e pelo ódio. A alegria do discípulo não é um sentimento de bem-estar egoísta, mas uma certeza que brota da fé, que serena o coração e capacita para anunciar a boa-nova do amor de Deus. Conhecer a Jesus é o melhor presente que qualquer pessoa pode receber; tê-lo encontrado foi o melhor que ocorreu* *em nossas vidas, e fazê-lo conhecido com nossa palavra e obras é nossa alegria"* (DAp, 29).

O presente subsídio quer ser um precioso **auxílio** em vista desta identificação e fortalecimento dos seguidores do Mestre através da Palavra de Deus. Identificação esta que vai além de uma compreensão teórica: quer provocar a paixão pelo Senhor, a conversão pessoal, o compromisso encarnado de amor ao próximo. Pretende não somente motivar à fé naquele que é a razão de nossa opção de vida, mas integrá-la à própria vida. Assim como não podemos dissociar a expressão **"discípulo missionário"**, não podemos separar a **fé da vida**. Aliás, a fé do discípulo se alimenta e se entende na vivência da missionariedade. E é isto que o texto aspira atingir.

Este material **elaborado de maneira simples e clara** oferece um roteiro completo e profundo para o amadurecimento da opção cristã de nossos jovens e adultos, *"considerando as várias situações em que se encontram as pessoas a serem atendidas nos processos de iniciação"* (cf. CNBB 97, 112). A linguagem utilizada facilita o ouvinte a se sentir, verdadeiramente, um discípulo de Jesus Cristo e filho da Igreja que lhe quer bem. Ao recordar inicialmente esta verdade, cada encontro considera a realidade da pessoa e a qualifica para os próximos passos de intimidade com o Senhor e a adesão ao Reino. Os **elementos pedagógicos** da contextualização, estudo, partilha, concentração, avaliação ajudam a valorizar a dimensão humana e o processo de identificação progressiva com a proposta do Evangelho, que existe para elevar a pessoa, garantindo-lhe "vida em abundância".

Há uma clara preocupação de integração entre estudo, oração, partilha, compromisso. Nota-se, claramente, o propósito de desenvolver elementos essenciais para o amadurecimento cristão: *"**Palavra, comunidade, celebração** foram importantes para que os primeiros discípulos reconhecessem Jesus como centro de sua vida. São fundamentais para os cristãos de hoje também. A vida dos primeiros discípulos mudou a partir do encontro com Jesus de Nazaré e seu mistério"* (CNBB 97, 69).

Sob a motivação do **Ano da Fé**, instituído pelo Papa Bento XVI, e em clima de **Jornada Mundial da Juventude** que acontecerá no país, a Igreja é presenteada com este material preparado em consonância com a inspiração e orientações do projeto "Iniciação à Vida Cristã". Se, por um lado, todos nos sentimos convidados ao aprofundamento da fé que nos sustenta, por outro, não podemos deixar de reconhecer o grande desafio que encontramos na evangelização da juventude. A ela o nosso cuidado todo especial para que, confrontando a própria vida com a de Jesus Cristo, sinta-se impulsionada e segura a abraçar com radicalidade a proposta do Evangelho, a única que, ao assumir a nossa humanidade com todas as suas consequências, nos dignifica e nos eleva.

As linhas aqui escritas são frutos de experiência pedagógica comprovada, espiritualidade sólida, estudo profundo. Parabéns! Elas respondem, inclusive, ao que nos pede o **Documento 97, n.** 87 da CNBB: *"Discípulos e servidores da Palavra de Deus na Missão da Igreja"*: *"Acentuar, na catequese, a centralidade da Sagrada Escritura como Palavra de Deus, enquanto caminho privilegiado de encontro com o Mistério, tornando-a alimento saboroso em vista da maturidade em Cristo"*.

Obrigado queridos irmãos, Cidinha, Manuel e Ir. Araceli! A sua paixão por Jesus Cristo, pela Igreja e pela pessoa humana provocaram em vocês a elaboração deste material, afinal de contas, "quem ama cria"! Deus os abençoe e a todos aqueles que irão se debruçar com curiosidade, seriedade e carinho sobre esta inspiração que vocês tiveram.

Dom Eduardo Pinheiro da Silva, SDB
Bispo auxiliar de Campo Grande
Presidente da Comissão Episcopal Pastoral para a Juventude

Introdução

Hoje a salvação entrou nesta casa" (Lucas 19,9a). Esta pode ser uma frase esperada por muitos de nossos irmãos que vivem tantas experiências de vida, mas que não fazem parte do paradigma religioso em que vivemos. A evangelização, através de uma catequese que seja evangelizadora, missionária, urbana, pode chegar àqueles jovens e adultos que sentem a necessidade de iniciar ou reiniciar a vida cristã.

Conscientes dos sinais do amor de Deus para com a humanidade, através dos sacramentos, e da importância de experimentarmos uma catequese adulta em nossas comunidades, é que produzimos este livro.

Esta proposta de catequese com jovens e adultos foi elaborada para atender às diversas realidades regionais, diocesanas, paroquiais, comunitárias e pessoais, com atenção especial à linguagem, às estruturas e práticas pastorais, assim como aos horários de acolhimento àqueles que desejam aprofundar a fé com a vida.

A evangelização de jovens e adultos, inseridos nos diversos campos culturais e universitários, camponeses, moradores urbanos e suburbanos, engajados em diferentes categorias profissionais, de grandes e pequenos centros, que já sentem a influência da cultura urbana, permite-nos propor "sementes" para um itinerário catequético permanente, que promova um encontro pessoal e comprometido com Jesus Cristo, a partir de algumas experiências, iluminadas pela Sagrada Tradição, Sagrada Escritura e Magistério da Igreja.

As experiências propostas foram realizadas, em primeiro lugar, pelo grupo de autores, sem perder de vista o Pão da Palavra de Deus e o Pão do Corpo de Cristo, alimentos essenciais à nossa caminhada de fé.

Elaboramos o material visando à realidade urbana, com estrutura iniciática e orante, para atender aos desafios da evangelização e ao questionamento humano sobre o sentido da própria vida.

As experiências podem ser realizadas em comunidade ou individualmente, com acompanhamento da comunidade eclesial, que fará a acolhida pessoal, prestará os serviços de atenção, oportunizará a orientação espiritual e o acesso aos sacramentos a partir dos esclarecimentos prestados.

As experiências têm a intencionalidade de proporcionar a intimidade com Jesus, levando em consideração as relações interpessoais, atentos às iniciativas solidárias e missionárias que favorecem o testemunho cristão e são resposta à sociedade sobre a ética e moral cristãs.

Na orientação pedagógica catequética apresentamos reflexões e dicas para catequistas, agentes de pastoral, interlocutores da catequese e demais interessados, com a intenção de ajudar na realização da experiência de Deus em suas vidas.

Com carinho,

Os autores

Orientação
pedagógica catequética

As *Experiências de Deus em Jesus Cristo* querem proporcionar, a partir da proposta missionária da Igreja, a oportunidade de contemplar as várias dimensões da vida cristã. Para tanto, a Palavra de Deus, que é a força de Deus para a salvação, é apresentada nestas experiências e manifesta seu vigor nos escritos do Segundo Testamento, que nos fornecem a verdade definitiva da Revelação divina.

O objeto central das experiências é Jesus Cristo, o filho encarnado, seus atos, ensinamentos, paixão e glorificação, assim como nas experiências das primeiras comunidades sob a ação do Espírito Santo. O Evangelho de Jesus Cristo é o coração de todas as Escrituras, pois constituem o principal testemunho da vida e da doutrina do Verbo encarnado; portanto, é também o coração das experiências que propomos neste livro para conduzir a reconhecer no Evangelho de Jesus Cristo a melhor experiência de Deus vivida por todos os que se aproximaram do ser de Deus presente na pessoa e prática de Jesus.

Estas experiências são oportunidade para aproximar os interlocutores de Jesus Cristo, mistério de Deus, reconhecendo-o como a chave, o centro e o fim de toda história humana, como também meio de evangelização para formar cristãos adultos na fé e testemunhas maduras da mensagem evangélica pela visão universal da salvação, ajudando-os a alcançar a plenitude de espírito e de comunhão que os levem a compartilhar com todos os bens do Reino, sempre iluminados pela Palavra de Deus.

Nesta perspectiva as orientações apresentadas têm por intencionalidade contribuir para que este livro seja um instrumento de trabalho e possa ser colocado a serviço da educação da fé, tendo em vista a iniciação ou reiniciação à vida cristã, oportunizando aos interlocutores tornarem-se discípulos missionários de Jesus Cristo, impregnados pelo espírito e atitudes bíblicas que refletirão durante o contato com os textos sagrados.

1 OBJETIVOS

Os objetivos propostos ao elaborar esta obra são para:
• Proporcionar experiência da Palavra de Deus proclamada, celebrada, vivenciada e transformada em oração pelo grupo de catequistas e catequizandos.
• Promover uma catequese experiencial para ajudar jovens e adultos a viver à luz dos valores do Evangelho, sendo testemunho cristão na sociedade.
• Oportunizar aos interlocutores desta catequese a possibilidade de passar para a vida a Palavra de Deus para testemunhar seu amor e sua ação libertadora.
Outros objetivos podem ser preparados pelo grupo de catequistas, conforme a realidade da Igreja local.

2 METODOLOGIA

Para o desenvolvimento das experiências propostas apresentamos algumas orientações básicas para promover a experiência pessoal e comunitária do catequista e do catequizando, tendo como fonte para cultivar a espiritualidade os três eixos: a Bíblia, a liturgia e a catequese.

2.1 Como trabalhar as experiências deste livro

Os passos propostos para realizar as experiências são:

Acolhida: Momento de cumprimentar ou saudar os presentes, demonstrar que todos(as) são esperados(as) por todos com muito carinho; neste momento é importante a criatividade, para que os jovens e adultos sintam-se bem no grupo, respeitando-se a história de vida de cada um. A acolhida precisa ser organizada de modo a integrar os interlocutores entre si e com o tema a ser refletido, e pode ser preparada por quem orienta os encontros ou duplas de participantes. O roteiro de cada experiência é um guia, mas pode ser ampliado e ajustado à realidade de cada grupo. Neste momento é importante o envolvimento dos interlocutores, para que possam descobrir na oração uma oportunidade para expressar a Deus seus desejos, agradecimentos, expectativas, e assim fazer o encontro com o Senhor.

REZANDO COM A **P**ALAVRA: Neste momento da experiência propõe-se aos catequizandos – jovens e adultos – aproximarem-se da Palavra, procurando reconhecer que por meio dela nos encontramos com o amor de Deus que nos orienta, nos fortalece e nos renova. É preciso aprender a rezar com a Palavra e a discernir nossa missão de cristãos, reconhecendo o que ela nos diz para os dias de hoje. Ao considerar a Palavra de Deus como fonte da catequese propõe-se três leituras para cada experiência:

- **Primeiro Testamento**: proclamação da Palavra (Antigo Testamento).
- **Salmo**: proclamação de salmos bíblicos.
- **Segundo Testamento**: proclamação da Palavra (Novo Testamento).

APROFUNDANDO A FÉ COM A VIDA: É o momento de buscar compreender o que a Palavra de Deus diz, entender o texto para o atual contexto, realizar a partilha de palavras e frases que chamam a atenção, que são importantes para as nossas situações do cotidiano. Neste momento procura-se compreender a Palavra para nossa realidade pessoal e social.

REZANDO A VIDA: É o momento de integrar a vida com a fé, valorizando orações espontâneas e gestos, celebrando a vida. Momento de rezar a vida de cada um e da comunidade, comprometendo-se em melhorar as atitudes pessoais.

Após ler e ouvir o que o texto diz, faz-se a experiência de discernir à luz da Palavra de Deus analisando as situações do cotidiano no âmbito pessoal e comunitário e fazendo as opções necessárias para que se possa assumir a vocação de discípulos missionários de Jesus.

AVALIANDO A EXPERIÊNCIA: É fundamental avaliar o desenvolvimento do trabalho e sua influência no entendimento e contribuição a serviço do crescimento e amadurecimento da fé. É um processo individual e comunitário que envolve de modo participativo catequistas e catequizandos, primando para que as experiências sejam bem-vividas e os momentos bem-aproveitados. Para isso propõe-se que ao final de cada momento de experiência catequética sejam refletidos os avanços, as conquistas e quais desafios precisam ser superados para melhor viver a vocação batismal e a participação e vivência das experiências propostas.

TESTEMUNHANDO A FÉ COM A VIDA: Envolve um novo olhar a partir da experiência de Deus em Jesus Cristo. É o convite para assumir o compromisso pessoal de convivência nos diversos ambientes como família, comunidade eclesial, trabalho e na sociedade. Trata-se do gesto concreto: compromisso assumido a partir do entendimento da Palavra e sua experiência na vida.

ORAÇÃO FINAL: Indica que é o momento de apresentar a Deus as novas aprendizagens como dom e graça a partir das quais se abrem novas maneiras para ler a vida à luz dos valores e ensinamentos que a Palavra de Deus nos oferece. Realiza-se neste momento uma síntese do que refletimos e do que nos propomos a partir da experiência catequética, dirigindo-nos a Deus para agradecer, suplicar ou louvar.

BÊNÇÃO: Este é o momento para reconhecer que nossa missão continua ao anunciar o que aprendemos. Portanto, a bênção precisa estar em consonância com o tema trabalhado, pois, após realizar a experiência e o momento formativo, pode-se anunciar a boa-nova do que se ouviu e viveu, bendizendo ao Senhor em suas atividades. A bênção nos envia em missão, ajudando-nos no compromisso em atender a vontade de Deus, fortalecidos pela experiência alimentada pelo Pão da Palavra.

PARA SUAS ANOTAÇÕES: é um espaço destinado a realizar as anotações que considerar importantes para sua vida sobre cada experiência vivida.

2.2 Destinatários como interlocutores

Compreendemos que as experiências têm seus destinatários, dentre os quais citamos: "Não batizados e batizados não evangelizados" jovens e adultos, que queiram fazer experiência de Deus em sua vida. Destina-se a jovens e adultos letrados, de todo nível de escolaridade, e a não letrados que queiram aprofundar a sua fé na vida.

Trata-se de uma proposta ampla de evangelização que se destina a todos os locais que constituem núcleos de convivência, como república de estudantes, alojamento de trabalhadores, grandes cidades, estruturadas com conjuntos residenciais, condomínios, nômades e, também, de pequenas cidades, com grandes propriedades rurais, assentamentos, acampamentos, e a todo o Povo de Deus, que já sente a influência da cultura urbana.

Como o processo implica amplo acompanhamento pessoal e comunitário, o grupo de catequistas precisa organizar-se e estar atento à necessidade de atendimento a profissionais liberais, motoristas e demais trabalhadores que desempenham funções noturnas ou nos finais de semana.

Cada pessoa que se mobiliza a participar destas experiências consideramos interlocutoras por serem elas as que tomarão parte na reflexão que propomos. Sua participação e envolvimento contribuem expressivamente para que se insiram e comprometam-se na missão da Igreja.

Ao reconhecer os catequizandos como interlocutores é necessário ter presente que todos têm direito à Palavra de Deus; portanto, no planejamento paroquial ou da comunidade, precisa ser previsto o atendimento aos casos extraordinários daquelas pessoas que têm dificuldade de participar assiduamente das experiências por causa da atividade profissional. A elas é possível a participação, orientando-as como fazer a experiência individualmente e como poderão contribuir partilhando-a no grupo, quando estão na comunidade. É necessário, para isso, eleger recursos que auxiliem catequistas e catequizandos, quando houver os casos específicos de ausência justificável, para que a sua experiência possa ser partilhada.

Sugere-se também observar que existe grande número de pessoas que desejam aprender a ler para terem acesso à Palavra de Deus. Criar na comunidade o hábito de encaminhá-las para instituições de ensino, para lhes conceder esta oportunidade, é também uma forma de ajudá-las em seu processo de iniciação ou reiniciação na comunidade.

Reconhecer os catequizandos como interlocutores contribui no processo de formar autêntica comunidade de fé em que as pessoas são acolhidas com os seus desafios, para refletir e rezar a Palavra de Deus, preparando-as para contribuírem na construção de uma sociedade mais justa e fraterna.

2.3 Instrumentos de trabalho

A Bíblia e o livro são os principais instrumentos a serem apresentados aos interlocutores, sendo entregues na primeira experiência (Celebração).

Junto a estes instrumentos estão os recursos humanos e materiais. Assim, durante as experiências, além de ser trabalhado com a pessoa do catequista e do catequizando, poderão ser utilizados símbolos litúrgicos, jornais, revistas e cânticos apropriados aos temas e, ainda, se houver possibilidade, pode-se utilizar a internet e o computador, tendo presente que todos os recursos contribuem para garantir a possibilidade de uma aprendizagem gradual no conhecimento, no amor e no seguimento a Jesus Cristo. Os meios didáticos e a linguagem adequada são importantes instrumentos para a catequese, sendo necessário adaptar-se aos destinatários como interlocutores, levando em conta idade, cultura e circunstâncias.

Elaboramos um subsídio orante, porém sem descartar os desafios da evangelização e o questionamento do jovem e do adulto sobre o sentido da própria vida. Por este motivo consideramos que as experiências catequéticas serão preparadas pelo catequista com um caráter celebrativo orante, para que o contato do interlocutor com a Palavra de Deus possa lhe permitir vivenciá-la e transformá-la em oração, como também aproximá-los de Jesus Cristo em prol de iluminar a sua realidade pessoal, comunitária e social apresentando aos interlocutores os valores evangélicos de solidariedade e fraternidade a serem vividos mediante os desafios e necessidades da cultura urbana.

Nessa perspectiva compreendemos que a realização de cada experiência pode contribuir para estimular o crescimento do mundo segundo o Plano de Deus, tornando-o mais humano e mais próximo do projeto libertador do Reino, por estar em profunda unidade de propósitos e esforços com aqueles que se empenham no mundo pela promoção dos valores do Reino. Assim, desejamos que esta proposta de catequese possa formar cristãos adultos na fé e testemunhas maduras da mensagem evangélica, pela visão universal de salvação, para ajudar o indivíduo a alcançar a plenitude de espírito e de comunhão que o leva a compartilhar com todos os bens do Reino.

Anúncio

Para participar do mistério de Cristo Jesus é preciso passar pela experiência impactante de transformação pessoal e deixar-se envolver pela ação do Espírito Santo. Com o desejo de proporcionar a oportunidade do encontro, as experiências, neste bloco, propõem cinco reflexões catequéticas com a intenção de anunciar, apresentar Jesus e conduzir a uma caminhada que possibilite identificar o amor de Deus presente na história da humanidade.

Nesta caminhada de reflexões somos evangelizados e evangelizamos, fazendo experiências, acolhendo com alegria a experiência dos primeiros discípulos ao entrar na comunhão com Cristo, escutando sua mensagem e crendo nele como nosso salvador, para depois anunciarmos o que ouvimos, conhecemos e sentimos.

Para tanto, cada experiência proposta é guiada pela Palavra de Deus conduzindo a um encontro pessoal com Jesus, a segui-lo e ao amadurecimento na fé, como também proporcionar, a partir da Sagrada Escritura, a oportunidade de reconhecer a ação de Deus na vida do cristão, para que se torne discípulo missionário de Jesus Cristo nos ambientes em que vive e convive.

O testemunho de João

ACOLHIDA

Querido discípulo missionário de Jesus Cristo! A comunidade sente uma alegria muito especial em iniciar (ou reiniciar) com você esta caminhada. Juntos, vamos aprofundar a prática de Jesus. Seguiremos os seus passos, ajudando na construção do reino de justiça, amor e paz, que começa pela história de cada um de nós.

Estamos reunidos em nome de Deus Trindade que nos acompanha e protege nesta caminhada e quer para seus filhos e filhas a felicidade. Vamos invocá-lo para que possamos conhecê-lo cada vez mais, testemunhá-lo e prosperar na experiência da construção do Reino. Em nome do Pai...

REZANDO COM A PALAVRA

Preparemo-nos para acolher a Palavra de Deus recitando em forma de mantra

EU VI E DOU TESTEMUNHO DE QUE ESTE É O FILHO DE DEUS (João 1,34).

Vamos ler e meditar os textos:
- **Primeiro Testamento:** Gênesis 28,20-22 (O voto de Jacó).
- **Salmo 1** (Os dois caminhos).
- **Segundo Testamento:** João 1,29-34 (O testemunho de João)

APROFUNDANDO A FÉ COM A VIDA

No Primeiro Testamento observamos que o ser humano é incapaz de tomar a iniciativa, mas é aberto à ação divina, por isso Deus toma a iniciativa e se manifesta gratuitamente para revelar o projeto que vai realizar na sua vida.

> • *Como você reconhece em sua vida a ação divina? (pausa)*
> • *Como gratidão, o que Jacó promete a Deus? (pausa)*

Toda e qualquer vida humana que esteja aberta e disponível torna-se santuário, coluna sagrada, uma referência dos valores do Reino.

> • *Como expressa a sua gratidão a Deus? (pausa)*
> • *O que pode prometer a Deus para ser referência dos valores do Reino em sua realidade (família, trabalho, grupo de amigos...)? (pausa)*

Na história da humanidade e na vida íntima de cada pessoa há o caminho entre o bem e o mal.

No Salmo o valor autêntico da vida humana reside na fidelidade a Deus, repercute na relação da pessoa com a comunidade e com Deus.

> • *Por que encontramos dificuldades para nos manter no caminho do bem e de fidelidade a Deus? (pausa)*

No Evangelho observamos que João Batista não conhecia Jesus, ou seja, não havia realizado a experiência de conviver com Ele. Mas, por estar comprometido em preparar o caminho para Jesus, João Batista, ao chamá-lo de Cordeiro, anuncia que Ele é o Messias que vem tirar a humanidade da escravidão e conduzi-la a uma vida na liberdade. Assim, pode-se dizer que, ao afirmar que Jesus é o cordeiro de Deus, João Batista revela a experiência de encontro com o Senhor Jesus, e por isso é capaz de testemunhar que em Jesus está a plenitude da vida.

A partir da experiência de João Batista e de seu testemunho podemos nos perguntar:

> • *O que precisamos fazer para afirmar que realmente conhecemos Jesus? (pausa)*
> • *Qual é o nosso compromisso com Ele que nos faz testemunhar, proclamar a nossa fé em Jesus? (pausa)*
> • *No Evangelho João Batista diz que Jesus irá tirar o pecado do mundo. Em que situações identificamos a escravidão na vida do ser humano (consumo, vícios, tecnologia...)? (pausa)*
> • *Como usufruímos da liberdade que Jesus, o Filho de Deus, nos oferece? (pausa)*
> • *Como podemos fazer no dia a dia a experiência de Deus, a exemplo de Jacó e João? (pausa)*

REZANDO A VIDA

Refletidos os textos bíblicos, rezemos novamente o Salmo 1. Depois de rezá-lo, torne-o a expressão de suas intenções reescrevendo-o com as suas palavras.

AVALIANDO A EXPERIÊNCIA

Como a experiência de hoje pode nos ajudar a compreender a importância de nossa participação na comunidade eclesial, a conhecer melhor a Jesus para ser verdadeira testemunha que anuncia a sua proposta à sociedade? Se desejar registre nas anotações e partilhe com as pessoas.

TESTEMUNHANDO A FÉ COM A VIDA

Durante esta semana, usufruindo da nossa liberdade e com os nossos bons exemplos, somos convidados a ser testemunhas de Jesus nos ambientes em que estivermos. Pense e escolha uma maneira concreta de realizar esta intenção.

ORAÇÃO FINAL

Senhor Deus, agradecemos pela oportunidade de reconhecer que vos manifestais gratuitamente revelando-nos o vosso projeto. Obrigado, Senhor, por nos ajudar a compreender que o valor autêntico da vida humana reside na fidelidade a Vós que se expressa por meio da relação da pessoa e sua vida em comunidade. Senhor, vos agradecemos, ainda, por nos enviar vosso Filho, o Messias, para tirar a humanidade da escravidão e conduzi-la a uma vida de liberdade.

BÊNÇÃO

Ó Deus, dignai-vos abençoar e santificar cada um de seus filhos.
Pela vossa Palavra alimentai o meu coração, para que eu possa crescer e me fortalecer como filho(a). **Amém.**
Que o Espírito de Deus permaneça em cada um que procura conhecer e testemunhar Jesus Cristo. **Amém.**
Que o Deus uno e trino ilumine a caminhada de discípulo missionário, em nome do Pai, do Filho e do Espírito Santo. **Amém.**

PARA SUAS ANOTAÇÕES

_____

_____

_____

_____

_____

_____

_____

Vinde e vede

ACOLHIDA

Querido discípulo missionário de Jesus Cristo! A comunidade sente uma alegria muito especial em continuar com você esta caminhada de experiências em Jesus Cristo. Na experiência anterior fomos convidados a ser testemunhas de Jesus nos ambientes em que frequentamos. Conseguiu atender este convite? (pausa) Se atendeu, percebeu alguma mudança em sua vida e nas pessoas de seu convívio? (pausa)

Nesta experiência vamos descobrir nos passos de Jesus o projeto de Deus e a nossa própria vocação de filhos e filhas de Deus, chamados ao comprometimento com a justiça, com a dignidade humana, com a construção de uma comunidade fraterna, com a mudança social, assumindo a missão de evangelizar-se para evangelizar.

A experiência de Deus em nossa vida ocorre a partir de Jesus Cristo, que nos convida para acompanhá-lo e conhecer o seu projeto. Como filhos e filhas, em busca da verdadeira felicidade, vamos invocar, sobre cada um de nós, o Deus Trindade, colocando-nos nas mãos de Deus e pedindo que ilumine pelo seu Espírito nossa vida, para que estejamos atentos à missão de sermos Igreja no mundo. Em nome do Pai...

REZANDO COM A PALAVRA

Preparemo-nos para acolher a Palavra de Deus refletindo o sentido da frase:

ENCONTRAMOS O MESSIAS (João 1,41b).

Vamos ler e meditar os textos:
- **Primeiro Testamento:** Ezequiel 36,24-26 (Um coração novo)
- **Salmo 31,1-6** (Apelo na aflição)
- **Segundo Testamento:** João 1,35-42 (Os primeiros discípulos)

A PROFUNDANDO A FÉ COM A VIDA

Somos escolhidos por Deus para sermos purificados por Ele com a proposta de um coração e espírito novos, para nos dar vida nova.

> - *O que é ter um coração de pedra nos dias de hoje? (pausa)*
> - *Qual é o espírito novo que precisa ser vivido na vocação do cristão? (pausa)*

O salmista recorre a Deus em um momento que busca libertar-se do que o oprime e aflige. Faz declaração de confiança e ação de graças, pois reconhece que Deus pode guiar seus passos e resgatá-lo para que possa ter uma vida nova.

> - *Em que momentos de sua vida reconhece confiar em Deus? (pausa)*
> - *A partir das experiências que tem vivido, quais são suas respostas para Deus? (pausa)*

No Evangelho identifica-se o anúncio da pessoa de Jesus como Cordeiro de Deus; a escuta dos discípulos que ouviram o anúncio; o seguimento dos discípulos a Jesus respondendo ao seu convite; a missão de anunciar e testemunhar afirmando **"Encontramos o Messias"** (João 1,41b).

O convite de Jesus, **"Vinde e vede"** (João 1,39), propicia aos discípulos estabelecerem a comunhão íntima com Ele.

> - *O que você tem realizado para ter uma experiência de intimidade com Jesus, conhecendo-o mais e melhor para viver a sua vocação de cristão? (pausa)*

A certeza do encontro com o Messias faz com que os discípulos assumam a missão de testemunhá-lo com o espírito novo e proposta de vida nova.

> • *Que atitudes são necessárias ao cristão para testemunhar a proposta de vida nova de Jesus à sociedade? (pausa)*

João, ao ver Jesus passando, o apresenta aos discípulos. Com esta atitude mostra a eles a quem procuravam e eles o seguiram. Os textos nos motivam a uma mudança de vida e a realizar o encontro com Jesus.

> • *Como e quando procuramos a Jesus? (pausa)*

Rezando a vida

Ao estabelecer uma relação íntima com Jesus, realizando a experiência de vida nova, os fiéis são chamados a participar da ação pastoral da Igreja com o testemunho de vida e com ações na evangelização, na vida litúrgica e na caridade, conforme as necessidades da comunidade.

> • *Façamos um momento de silêncio e coloquemo-nos nas mãos de Deus para que Ele possa nos despertar para a nossa vocação de cristãos.*

Avaliando a experiência

Quais são as dificuldades que você precisa superar para viver sua vocação de cristão e testemunhar a vida nova?

Testemunhando a fé com a vida

Para testemunhar o espírito novo e a proposta de vida nova de Jesus são necessárias mudanças gradativas no modo de ver, sentir, agir, para viver a vocação de cristãos. Qual atitude se propõe a exercitar para testemunhar a vida nova de Jesus à sociedade?

Oração final

Confiar em Deus é acreditar que Ele nos resgata para uma vida nova. Por isso vamos rezar em forma de mantra, dizendo: Obrigado, Senhor, por descobrir nos passos de Jesus o seu projeto e a minha vocação de filho(a) de Deus.

Bênção

Proporcionai, Senhor, um verdadeiro encontro com Cristo, vosso filho amado. **Amém**. Que o Deus da paz dê a coragem de cumprir a sua vontade, testemunhando o espírito novo e a proposta de vida nova de Jesus. **Amém**.
Que o Deus uno e trino ilumine a minha caminhada de discípulo missionário, em nome do Pai, do Filho e do Espírito Santo. **Amém**.

PARA SUAS ANOTAÇÕES

_____

_____

_____

_____

Os dons a serviço do Reino

A COLHIDA

Querido discípulo missionário de Jesus Cristo! A comunidade sente uma alegria muito especial em estar partilhando com você experiências de fé em Jesus Cristo. Como refletimos anteriormente, para testemunhar o espírito novo e a proposta de vida nova de Jesus são necessárias mudanças gradativas no modo de ver, sentir, agir, para viver dignamente nossa vocação de cristãos.

Quais estão sendo as dificuldades e facilidades encontradas para exercitar a atitude de testemunhar a proposta de vida nova de Jesus? (pausa e espaço para partilha) A experiência de hoje nos mobiliza a reconhecer que o chamado de Deus nos ajuda a descobrir a nossa vocação e a reconhecer que podemos colocar os nossos dons a serviço do Reino.

Deus criou o homem e a mulher em condições de construir a própria história. A verdade, a beleza, a liberdade, a consciência, a aspiração ao infinito e à felicidade são graças presentes na vida humana. Por isso agradeçamos e louvemos a Deus pelas condições recebidas de sermos colaboradores na criação, dizendo: Glória ao Pai...

R EZANDO COM A PALAVRA

Preparemo-nos para acolher a Palavra de Deus meditando a frase ou cantando o Salmo 139:

SENHOR, TU ME SONDASTE E ME CONHECES (Salmo 139,1).

Vamos ler e meditar os textos:
- **Primeiro Testamento:** Jeremias 1,4-9 (Vocação de Jeremias).
- **Salmo 139(138)** (Louvor à onisciência divina).
- **Segundo Testamento:** Mateus 25,14-28 (A Parábola dos Talentos).

APROFUNDANDO A FÉ COM A VIDA

É maravilhoso perceber que desde o seio materno já fazíamos parte do projeto de Deus. Ele conhece cada um de nós e quer nos confiar à missão de evangelizar. Por isso nos convida para falarmos em seu nome e a Ele respondemos a partir do que acreditamos ser capazes de realizar.

No primeiro texto que lemos percebemos que Jeremias justifica sua juventude para não assumir a missão de profeta. Mas o Senhor responde afirmando para não ter medo, pois nunca o deixará sozinho. Assim como Jeremias se sentiu inseguro em dizer seu sim a Deus, também para nós parece difícil dar nossa resposta ao chamado que Deus nos faz e assumir nossa missão de cristãos na sociedade, porque às vezes não nos sentimos suficientemente preparados. No entanto, ao dizer "Sim" somos impulsionados a agir e torna-se possível reconhecer a presença de Deus a nos proteger.

> • *Há semelhanças entre minhas atitudes diante do chamado de Deus e as de Jeremias? Quais? (pausa)*
> • *Como percebemos a proteção de Deus? Em que situações a reconheço? (pausa)*

Deus está presente na vida do ser humano desde o momento de sua concepção, pois em sua ação criadora tem uma missão para cada um viver a sua vocação de filho e filha de Deus. Portanto, não é possível fugir do cuidado dele e do caminho duradouro por aonde conduz seus filhos.

> • *Há semelhança entre o sentimento do salmista e o que sinto em meu relacionamento com Deus? (pausa)*
> • *Percebo que não sou eu que escolho Deus, mas Deus que me escolheu? (pausa)*

Os dons são confiados pelo Senhor a cada um de nós para serem colocados a serviço do desenvolvimento do Reino. São sinais da presença do

Deus Criador em nossa vida, para serem partilhados em prol da justiça, fraternidade, paz...

- *Que dons recebi? (pausa)*
- *Desenvolvo os dons que recebi para colocá-los a serviço do Reino? (pausa)*
- *Como meus dons contribuem para construir uma sociedade com relações respeitosas entre as pessoas? (pausa)*

Rezando a vida

Nossa reflexão nos ajuda a perceber que Deus está presente na vida do ser humano, o protege e lhe confia a missão de evangelizador. A partir da realidade em que cada um vive vamos fazer um momento de silêncio, colocando-nos nas mãos de Deus, para que Ele possa nos fortalecer para a missão e, movidos pela sua força, possamos partilhar os nossos dons, colocando-os a serviço do próximo, contribuindo assim na construção do Reino.

A partir da experiência de Jeremias e olhando para a própria história de vida, que aspectos interessantes gostaríamos de partilhar com o grupo?

Após cada partilha digamos:

- *Alegra-te, o Senhor está contigo!*

Avaliando a experiência

Como a experiência de hoje pode ajudar a ouvir o chamado de Deus, a descobrir a vocação e a reconhecer os dons que posso pôr a serviço do Reino?

Testemunhando a fé com a vida

Os dons que recebemos são para testemunhar a paz, a fraternidade e a justiça, que são sinais da presença do Deus criador no meio de nós.

> • *Que atitude se propõe a realizar nesta semana para exercitar um ou mais dons, testemunhando a vocação recebida, colocando-o(s) a serviço do próximo para contribuir no desenvolvimento do Reino?*

Oração final

Ó Pai de amor, ajudai-me a descobrir os meus dons e a minha vocação, para que possa experimentar o seu amor, assumindo a missão de ser evangelizado para evangelizar.

Bênção

O Deus da esperança, da alegria e da paz nos dê a coragem de desenvolver os dons que nos foram confiados colocando-os a serviço do desenvolvimento de uma vida digna e justa para todos. **Amém.**

Que o Deus uno e trino ilumine a caminhada individual e comunitária fortalecendo seus filhos e filhas com sua presença, para que não tenham medo de anunciar os valores do Reino, assumindo com alegria o compromisso e vocação de discípulos missionários. Em nome do Pai, do Filho e do Espírito Santo. **Amém.**

Iniciação à vida cristã

ACOLHIDA

Querido discípulo missionário de Jesus Cristo! Anteriormente refletimos sobre a nossa missão de colaboradores na construção do Reino, para a qual colocamos os nossos dons a serviço do próximo, amparados pelo Senhor que não nos deixa sozinhos. Como foi o exercício de usar os dons para testemunhar a vocação recebida a serviço do próximo e do Reino? (pausa e espaço para partilha)

Nesta experiência queremos convidá-lo a refletir sobre o que significa participar da vida cristã. Juntos vamos descobrir o que envolve realizar uma caminhada de aprofundamento e entendimento da prática de Jesus, como também buscaremos compreender em que consiste o desejo de assumir seu papel diante da comunidade de fé.

Ter fé em Jesus Cristo é ter compromisso total com sua proposta sendo-lhe fiel. Conscientes do que Jesus fez por nós e dos valores propostos pelo Mestre, peçamos a Deus a sua luz para conduzir os nossos caminhos no entendimento de sua Palavra e a sua força para anunciá-la nos ambientes em que vivemos. Iniciemos esta experiência rezando a oração do Espírito Santo.

Rezando com a Palavra

Preparemo-nos para acolher a Palavra de Deus recitando em forma de mantra:

NESTE DEUS EU CONFIO E NADA TEMO (Salmo 56,12).

Vamos ler e meditar os textos:
- **Primeiro Testamento:** Isaías 55,10-11(A Palavra de Deus é semente fecunda).
- **Salmo 56(55)** (Confiança em Deus na angústia).
- **Segundo Testamento:** Atos 8,26-40 (Filipe e o camareiro etíope).

Aprofundando a fé com a vida

Em Isaías a Palavra de Deus é semente fecunda que só retorna depois de realizada a vontade de Deus e de ter cumprido a sua missão.

> • *Tenho permitido que a Palavra de Deus seja semente fecunda em minha vida? (pausa)*
> • *Como tenho acolhido a Palavra de Deus, fonte de mudança e transformação? (pausa)*

O salmista recorre a Deus e apresenta seus motivos de angústia diante do perigo. Ele reconhece a proteção de Deus que cuida da sua vida, que o livra das situações de morte, despertando o desejo de pertença ao Senhor. Esse processo permite estabelecer uma relação de intimidade com Deus.

> • *O que é para você estabelecer uma relação de intimidade com Deus? (pausa)*
> • *Qual a importância de uma relação íntima com Deus na comunidade cristã? (pausa)*

A conversão do eunuco etíope mostra que a evangelização precisa chegar a todos, rompendo preconceitos e limitações. Apesar de não ser uma pessoa aceita socialmente devido às concepções da época acerca das diferenças raciais (o etíope é negro), nacionais (ele é estrangeiro), sociais (trata-se de um escravo) e religiosas (o judaísmo não permitia que uma pessoa mutilada pertencesse à comunidade, cf. Deuteronômio 23,2), o etíope não desistiu de conhecer a Palavra, mesmo sem a entender, pois a Palavra já estava em suas mãos. A presença de Filipe para lhe explicar revela que a Palavra deve ser esclarecida a quem não teve acesso à informação e que a fé cristã rompe todas as limitações e preconceitos ao orientar à luz da Palavra e promovendo a sua inclusão na comunidade de fé.

- *O que é preciso fazer para a evangelização realmente chegar a todos? (pausa)*
- *Você tem procurado superar as dificuldades (pouco tempo disponível, preconceitos, necessidade de maior dedicação...) para conhecer melhor a Palavra de Deus? (pausa)*

A ação de Filipe mostra como se realizava uma iniciação na Igreja primitiva: encontro, anúncio, catequese, batismo.

- *Há semelhanças com o seu processo de iniciar um aprofundamento religioso? (pausa)*

REZANDO A VIDA

A evangelização do camareiro etíope, um eunuco, ou homem castrado por estar a serviço da rainha, mostra que no cristianismo se realizam os tempos messiânicos, em que os castrados, antes excluídos da comunidade de Israel (Deuteronômio 23,2), e os estrangeiros seriam unidos ao novo povo de Deus (cf. Isaías 56,1-8).

Rezemos pelas pessoas ou situações de exclusão em nossas famílias, na sociedade e nas nossas comunidades religiosas pedindo a Deus para que, a exemplo de Filipe, surjam em suas vidas pessoas para acolhê-las e incluí-las nos lugares a que têm direito.

Avaliando a experiência

A partir do que foi refletido da Palavra de Deus, pense:

- *O que você tem procurado fazer para compreender a Palavra da Deus?* *(pausa)*
- *O que você tem procurado realizar para que outros compreendam a Palavra de Deus?* *(pausa)*

Testemunhando a fé com a vida

Para testemunhar a Palavra de Deus é necessário ampliar a perspectiva da fé e a experiência humana vivida pelos cristãos que entenderam o anúncio de Jesus Cristo. O que você se propõe a fazer para que outros possam compreender a Palavra de Deus?

Oração final

Senhor, como existe um só corpo e um só Espírito, uma só esperança, uma só fé, um só Batismo, um só Senhor, um só Deus e Pai de todos, ofereço meu coração para se unir pelos laços de fé e do amor, em Jesus Cristo, Nosso Senhor! **Amém**.

Bênção

Deus, fonte da vida, invocamos o vosso Santo Espírito, para que renove o entendimento. **Amém.**

Liberte de todo ressentimento, de todo preconceito e de tudo o que prejudica a união. Amém. Que a Palavra seja sempre luz na caminhada. **Amém.**

Que o Deus uno e trino ilumine a caminhada de discípulo missionário, em nome do Pai, do Filho e do Espírito Santo. **Amém.**

Os discípulos de Emaús

ACOLHIDA

Querido discípulo missionário de Jesus Cristo! Refletimos no tema anterior as dificuldades encontradas pelos evangelizadores para lidar com a diversidade e a dificuldade daqueles que vivem à margem da nossa sociedade para fazer a experiência de encontro com o Senhor, pois não têm a explicação necessária para compreender a Palavra de Deus.

Durante a semana você conseguiu ajudar alguém a compreender a Palavra de Deus a partir de sua experiência? Como aconteceu este momento? (pausa e espaço para partilha)

Estamos reunidos para continuar o aprofundamento da nossa fé a partir da experiência vivida por dois dos discípulos que estavam a caminho de um povoado, chamado Emaús (fazendo sinal da cruz). Pedimos ao Pai, ao Filho e ao Espírito Santo que nos ajude a acolher a Palavra de Deus.

REZANDO COM A PALAVRA

Preparemo-nos para acolher a Palavra de Deus recitando em forma de mantra:

NÃO NOS ARDIA O CORAÇÃO QUANDO PELO CAMINHO NOS FALAVA E EXPLICAVA AS ESCRITURAS? (Lucas 24,32)

Vamos ler e meditar os textos:
- **Primeiro Testamento:** Deuteronômio 18,15-18 (Do meio dos irmãos um profeta).
- **Salmo 22(21),23-32** (Prece na aflição).
- **Segundo Testamento:** Lucas 24,13-35 (Os discípulos de Emaús).

A PROFUNDANDO A FÉ COM A VIDA

Em Deuteronômio observamos que Deus faz surgir do meio dos irmãos o profeta a ser ouvido. Deus põe as palavras na boca do profeta e ele proclama tudo o que Deus pede.

> • *Hoje, que tipo de profeta está surgindo em nosso meio? (pausa)*

O salmista apresenta o seu compromisso de louvor a Deus, revelando como passa da situação de abandonado e solitário à certeza da esperança ao compreender que o Senhor lhe é solidário e que a salvação está próxima. Sente que já pode convidar a comunidade dos fiéis a unir-se a ele no louvor a Deus, anunciando que a salvação se estende ao mundo inteiro e às gerações futuras.

> • *Em que momentos você louva a Deus, agradecendo por agir em sua vida? (pausa)*
> • *Você já convidou alguém para louvar a Deus? Como? (pausa)*

No Evangelho podemos constatar que Jesus continua a caminhar entre os homens, solidarizando-se com seus problemas e participando de sua vida. Observamos que Jesus está presente no anúncio da Palavra, que mostra o sentido da sua vida e ação explicando as Escrituras. Ao partir o pão, Jesus relembra aos discípulos o dom da sua vida e incentiva a partilha e fraternidade, que estão no centro do projeto do Pai.

> • *Por que Jesus se preocupa em explicar as Escrituras para os discípulos? (pausa)*
> • *Você considera que em alguns momentos pode se assemelhar aos discípulos de Emaús, sem compreender o projeto de Deus? Por quê? (pausa)*
> • *Como procura reconhecer a presença de Jesus nos dias atuais? (pausa)*

Rezando a Vida

Como testemunha de Jesus Cristo, consciente das dificuldades encontradas na vida, façamos nossa oração pedindo como discípulos motivados pela Palavra de Deus e pelo Corpo de Cristo, para que Ele fique conosco em nossa caminhada de povo de Deus, mostrando-nos o caminho que conduz ao Pai e para que nos dê a coragem para sermos testemunhas do Reino de Deus nos ambientes em que vivemos.

Agradecemos à experiência fraterna que tivemos hoje, dizendo:

Obrigado, Senhor, pelas palavras que renovam a minha esperança.

Obrigado, Senhor, pelos exemplos partilhados, pela sua presença em nosso meio.

Obrigado, Senhor... (inserir os fatos vividos espontaneamente)

Avaliando a Experiência

- *Comente com o grupo alguns aspectos que lhe chamaram a atenção na experiência de hoje. (pausa)*
- *Como a experiência de hoje pode lhe ajudar a reconhecer a presença de Jesus na sua história e unir-se à comunidade para louvar a Deus? (pausa)*
- *Como você incentiva em sua família a experiência da partilha e da fraternidade? (pausa)*
- *Como você anuncia a Palavra de Deus? (pausa)*

Testemunhando a Fé com a Vida

Como você pode expressar solidariedade aos problemas de uma pessoa próxima, mostrando o sentido da vida, a exemplo de Jesus?

Oração Final

Senhor, Pai bondoso, torna-nos solidários às necessidades de nossos irmãos, mostra-nos a maneira correta de viver a partilha e a fraternidade, fortalece-nos para proclamar a sua mensagem, faz-nos sentir que a sua paz guarda o nosso coração e pensamento no Cristo Jesus. **Amém.**

Bênção

Que o Deus que fez Jesus ressurgir da morte nos ressuscite para uma vida nova. **Amém.**

Que Jesus permaneça comigo e com cada irmão e irmã na fé mostrando o caminho que conduz ao Pai. **Amém.**

Que o Deus uno e trino ilumine a caminhada de discípulo missionário, em nome do Pai, do Filho e do Espírito Santo. **Amém.**

PARA SUAS ANOTAÇÕES

_____

_____

_____

_____

_____

_____

_____

Vivência cristã

A vivência cristã pressupõe a experiência de exercitar os mandamentos e celebrar os sacramentos que ajudam o cristão a andar no caminho da salvação.

Os mandamentos se constituem em dez preceitos que orientam como o ser humano pode viver dignamente liberto da escravidão do pecado. Neles se encontram prescritos como deve ser o amor para com Deus e a prática de justiça para com o próximo.

Os mandamentos constituem um caminho de vida e Jesus nos ensina que os mandamentos têm como princípio fundante e exigente o amor a Deus e ao próximo, e sua observância conduz à salvação.

Nos sacramentos podemos reconhecer a ação salvadora de Deus. Os sete sacramentos são os sinais e os instrumentos pelos quais o Espírito Santo difunde a graça de Cristo, que é a Cabeça, e na Igreja, que é seu Corpo. A Igreja comunica a graça invisível que ela significa. Portanto, ela é chamada de **sacramento.**

Os sacramentos são sinais eficazes da graça, instituídos por Cristo e confiados à Igreja, por meio dos quais nos é dispensada a vida divina. Os ritos visíveis sob os quais os sacramentos são celebrados significam e realizam as graças próprias de cada sacramento. Produzem fruto naqueles que os recebem com as disposições exigidas.

A graça e a revelação nos são necessárias, como pecadores que somos, para que as verdades religiosas e morais possam ser conhecidas.

O jovem rico

ACOLHIDA

Querido discípulo missionário de Jesus! Na experiência anterior constatamos que Jesus continua a caminhar entre as pessoas, solidarizando-se com seus problemas e participando de sua vida. A partir da experiência alguma coisa mudou em sua vida? Tem conseguido estar mais atento aos problemas das pessoas, solidarizando-se com elas? (momento de reflexão e partilha)

Na experiência de hoje vamos perceber que Deus espera de nós o cumprimento dos mandamentos, mas também o desapego das coisas materiais.

Iniciemos refletindo o questionamento: "Mestre, que devo fazer de bom para ter a vida eterna?" (Mateus 19,16), que também se apresenta em nossa caminhada de vocacionados a ser Igreja no mundo. Peçamos a Deus que esta experiência nos ajude a entender melhor a nossa vocação. Invoquemos o Deus Trindade cantando: Em nome do Pai...

REZANDO COM A PALAVRA

Preparemo-nos para acolher a Palavra de Deus cantando suavemente:
"TUA PALAVRA É UMA LÂMPADA PARA MEUS PASSOS E UMA LUZ PARA MEUS CAMINHOS" (Salmo 119,105).

Vamos ler e meditar os textos:
• **Primeiro Testamento:** Levítico 18,5 (Guardai meus decretos)
• **Salmo 119(118),105-114** (Celebração da lei divina)
• **Segundo Testamento:** Mateus 19,16-22 (O jovem rico)

APROFUNDANDO A FÉ COM A VIDA

Guardar os decretos e leis estabelecidos pelo Senhor Deus implica manter-se fiel à aliança que com Ele se estabeleceu como garantia de vida, em comunhão com Ele e sem pecado.

> • *Refletindo o versículo do Primeiro Testamento, o que entendemos por guardar as leis e decretos de Deus? (pausa)*

O Salmo tece o processo de relacionamento do ser humano com o próximo e com Deus, fundamentado na Lei do Senhor como bem supremo. Nele se revelam as exigências da aliança entre Deus e o ser humano, compreendendo-a como uma luz, um caminho que conduz à descoberta do sentido da vida e revela o projeto de Deus. Neste sentido vimos no Salmo que a Palavra revela Deus ao povo, que descobre o sentido da vida e escolhe o seu caminho na história, diante da variedade de situações.

> • *Destaque palavras que mais lhe chamaram a atenção.*
> • *Formule uma oração a partir dessas palavras.*

No Evangelho, Jesus é a concretização definitiva da Palavra. Jesus revela o Pai, não pela observação de regras ou normas, mas pela partilha de tudo entre todos. Revela-nos por meio do jovem rico que o cumprimento da lei precisa ser considerado em relação ao próximo, pois o amor a Deus está intimamente relacionado ao amor ao próximo. Podemos compreender neste Evangelho que o caminho para a vida eterna envolve desapegar-se das coisas que mantêm nosso coração acorrentado, como direitos e vaidades adquiridas, para seguir Jesus.

> • *Relate com suas palavras o texto do Evangelho.*
> • *Destaque os mandamentos citados por Jesus, que aparecem no Evangelho. (pausa)*

- *O jovem disse observar tudo isso. Qual foi a outra proposta apresentada por Jesus? (pausa)*
- *O que fez o jovem rico? (pausa)*
- *Quais foram as dificuldades sentidas pelo jovem que o impediram de seguir Jesus? (pausa)*

REZANDO A VIDA

Em oração vamos partilhar a reflexão sobre os textos lidos, observando que os mandamentos são normas de vida, importantes para garantir o relacionamento fraterno e solidário para com o próximo, como expressão do amor a Deus.

Rezemos: Infundi, Senhor, a vossa graça em nossas vidas, para que tenhamos um coração livre para amar, sustentado pela escuta da Palavra e fortalecido na mesa da Eucaristia para vos amar sinceramente nos irmãos. Glória ao Pai...

AVALIANDO A EXPERIÊNCIA

- *Em que a experiência de hoje nos ajudou? (pausa)*
- *Como anda o nosso coração: apegado ou desapegado? (pausa)*

TESTEMUNHANDO A FÉ COM A VIDA

Procurar memorizar e viver os mandamentos.

ORAÇÃO FINAL

Ó Deus da paciência e da consolação, ajudai a superar as dificuldades e apegos às coisas, agora e sempre. **Amém.**

Que seja possível viver na justiça, segundo a sua Palavra, assumindo a opção profética de estar com as pessoas enfraquecidas e pequenas. **Amém.**

BÊNÇÃO

Abençoai-nos, Senhor, para que possamos perceber a importância da caridade. **Amém.**

Derrame suas bênçãos sobre cada um de nós e sobre nossas famílias para que possam cumprir os seus mandamentos por meio do seguimento e amor ao próximo. **Amém.** Que o Deus uno e trino ilumine a caminhada de discípulo missionário, no seguimento fiel dos ensinamentos de seu filho. Em nome do Pai, do Filho e do Espírito Santo. **Amém.**

PARA SUAS ANOTAÇÕES

Aliança de Deus com seu povo

ACOLHIDA

Querido discípulo missionário de Jesus! Na experiência anterior recebeu o convite para memorizar e viver os mandamentos. Conseguiu? Que facilidades e dificuldades sentiu?

Com as experiências que estamos vivendo, à luz da Palavra, em companhia do Mestre e Amigo, fomos aprendendo a amá-lo e a servi-lo de todo o coração. Com Ele podemos nos tornar agentes de transformação no mundo. Para isto vamos refletir o que Jesus nos apresenta como um novo mandamento, não esquecendo a orientação dada a "nossos pais" no Primeiro Testamento.

Bendito seja o Senhor Deus que nos concedeu um Salvador para guiar-nos no caminho do bem e da paz. Que nesta experiência possamos compreender o que nos anunciais e assim nos mantermos fiéis no seu seguimento e ao plano do Pai. Iniciemos esta experiência em comunhão com a Trindade Santa, acolhendo a presença de Deus em nosso meio... Em nome do Pai, do Filho e do Espírito Santo. **Amém.**

REZANDO COM A PALAVRA

Preparemo-nos para acolher a Palavra de Deus refletindo:

O AMOR NÃO PRATICA O MAL CONTRA O PRÓXIMO, POIS O AMOR É O CUMPRIMENTO DA LEI (Romanos 13,10).

Vamos ler e meditar os textos:
- **Primeiro Testamento:** Êxodo 34,1-8 (Novas placas da lei)
- **Salmo 132(131)** (Aliança divina com Davi)
- **Segundo Testamento:** Mateus 22,34-40 (O maior mandamento)

A PROFUNDANDO A FÉ COM A VIDA

O povo de Deus saiu do Egito caminhando à procura de liberdade, mais felicidade, de um lugar onde todos pudessem viver com dignidade.

No Êxodo observamos que Deus responde ao povo como podem viver com dignidade ao estabelecer a aliança, na entrega das duas placas com as leis a Moisés, para que as apresente ao povo. Por meio delas se revela o amor, a misericórdia, a bondade e a fidelidade de Deus para com o ser humano, oferecendo-lhe um caminho para conquistar a felicidade por gerações se guardar suas leis e mandamentos (cf. Deuteronômio 4,40). Hoje também nós procuramos, e Deus nos mostra o caminho.

A vida é feita de muitos compromissos, alianças, que necessitam de fidelidade. Como caminho de libertação, podemos refletir sobre os mandamentos.

* *A maior prova de amor é a fidelidade? (pausa)*
* *A fidelidade é a base da felicidade? (pausa)*
* *Como vemos hoje o caminho que Deus nos aponta para conquista da felicidade? (pausa)*

O salmista apresenta a aliança divina com Davi. O centro político era a sede da monarquia davídica, que recebia da aliança com Deus sua missão messiânica em função dos destinos históricos de Israel. Neste Salmo Deus apresenta as condições – guardar a aliança e testemunhar o que ensinou – para receberem as bênçãos e sua proteção.

* *Somos convidados a renovar a nossa aliança com Deus, para isso nos perguntemos: O que é a nossa aliança com Deus? (pausa)*

No Evangelho Jesus revela que o amor é que dinamiza a vida e os relacionamentos humanos e ele é indispensável para se praticar a justiça.

* *Qual foi o primeiro mandamento apresentado por Jesus? (pausa)*
* *Qual foi o segundo mandamento apresentado por Jesus? (pausa)*
* *Segundo Jesus, estes dois mandamentos sustentam toda Lei e os Profetas. Por quê? (pausa)*
* *O que posso dizer sobre a minha forma de compreender o amor? (pausa)*

REZANDO A VIDA

Iluminados pelos ensinamentos da Palavra, elevemos a Deus nosso pedido de perdão, dizendo:

Concedei-me, Senhor, a graça do perdão pela minha falta de colaboração em testemunhar o que ensinastes, pelas vezes em que me revelei infiel à aliança, pelas vezes que não soube demonstrar amor ao próximo, por ter aprisionado em mim a vossa mensagem de amor.

Concedei-me, Senhor, lembrar-me de Vós diante de todas as provações, de ser fiel à aliança, recebendo em minha vida a vossa proteção e bênçãos para cumprir os mandamentos que Jesus nos ensinou.

Glória ao Pai, ao Filho...

AVALIANDO A EXPERIÊNCIA

Compreendemos como podemos cumprir os dez mandamentos a partir do ensinamento de Jesus, dentro do contexto da aliança para bem viver e ser feliz?

TESTEMUNHANDO A FÉ COM A VIDA

Motivados pela experiência de hoje a ser fiéis à aliança estabelecida com Deus, observar o uso dos mandamentos no cotidiano como expressão de testemunho do amor a Deus no relacionamento com o próximo.

ORAÇÃO FINAL

Ó Pai de amor,
Abri meus olhos para que eu veja as maravilhas que resultam de vossa lei;
- *Vossos preceitos me fazem reviver e vossa palavra é luz para meus caminhos.*
Afasta-me do caminho da mentira e favorece-me com vossa lei;
- *Teus preceitos me fazem reviver e tua palavra é luz para meus caminhos.*

Ajudai-me a ser fiel à aliança para que possa viver e observar a vossa lei e a guarde em meu coração para viver em vosso caminho.

- *Vossos preceitos me fazem reviver e vossa palavra é luz para meus caminhos.*

Creio em Deus Pai...

Bênção

Ó Deus de infinito amor e bondade, sois comunhão na Trindade Santa, e não sendo solitário criastes o ser humano a vossa imagem e semelhança, dando-lhe as orientações como fonte de realização, estabelecendo a santa aliança como caminho para conquistar a felicidade. Abençoai-nos com vossas graças e dai-nos o vosso Espírito, para que ele nos renove e dê vigor para vivenciarmos nossos compromissos na sociedade com fidelidade ao vosso projeto. Amém.

Que o Deus uno e trino ilumine a caminhada de discípulo missionário, em nome do Pai, do Filho e do Espírito Santo. Amém.

PARA SUAS ANOTAÇÕES

_____

_____

_____

_____

_____

_____

_____

2.1 SACRAMENTOS DA INICIAÇÃO CRISTÃ

Os três sacramentos da iniciação, numa unidade indissolúvel, expressam a unidade da obra trinitária na vida cristã: o Batismo nos torna filhos do Pai, a Eucaristia nos alimenta com o Corpo de Cristo e a Confirmação nos unge com a unção do Espírito. Hoje a Igreja pede que se recupere essa unidade dos três sacramentos.

A iniciação cristã é a introdução no mistério de Cristo, da Igreja e dos sacramentos, que acontece por meio da proclamação da mensagem, da catequese e dos ritos sacramentais e de outras celebrações. É obra do amor de Deus, por seu Filho no Espírito Santo que se realiza na Igreja e pela mediação da Igreja, requer para isso decisão livre da pessoa.

A iniciação é um modo de tornar presente na vida da pessoa o amor de Deus e nela se realiza a participação humana no diálogo da salvação.

Nascer do alto

Acolhida

Querido discípulo missionário de Jesus! Como cada um de vocês observou o uso dos mandamentos durante a semana? Como sentiu o amor a Deus no relacionamento com o próximo? Hoje somos convidados a fazer a experiência, conhecendo a prática da vida nova trazida por Jesus Cristo.

Neste momento queremos compreender o que agrada a Deus buscando a sabedoria para reconhecer o que precisamos realizar para participar do projeto de Deus. Para isso invocamos ao Deus Trindade, na esperança de que nos ilumine na experiência que vamos viver, em nome do Pai...

Rezando com a Palavra

Preparemo-nos para acolher a Palavra de Deus interiorizando a frase: *QUEM NÃO NASCER DO ALTO, NÃO PODE VER O REINO DE DEUS* (João 3,3).

Vamos ler e meditar os textos:
- **Primeiro Testamento:** Sabedoria 9,13-18 (Sabedoria)
- **Salmo 131** (Confiança filial)
- **Segundo Testamento:** João 3,1-8 (Jesus e Nicodemos)

APROFUNDANDO A FÉ COM A VIDA

A busca pela sabedoria é constante e permanente em nossa vida, especialmente, em nossa sociedade cada vez mais carente de respeito e ética nas relações humanas. A sabedoria nos capacita a reconhecer que cada coisa possui seu devido lugar, a realizar as escolhas essenciais que dignificam a vida. Portanto, a sabedoria é indispensável, pois permite o discernimento para conhecer o que agrada a Deus, ou seja, permite compreender que a nossa opção como cristãos consiste em manter-se fiel a Deus no seguimento a Jesus Cristo, mesmo diante das adversidades, sem se deixar corromper pelas ofertas do mundo. A sabedoria, vinda de Deus, salva. A ação salvífica da sabedoria nos aponta caminhos a serem percorridos para participar do projeto de Deus.

> • *Olhando para sua realidade, saberia dizer qual é a vontade de Deus?* (pausa)
> • *O que tem feito para buscar a sabedoria? Reconhece a sabedoria como dom de Deus?* (pausa)
> • *Em que situações percebe a ação salvífica da sabedoria divina em sua vida?* (pausa)
> • *Que escolhas realiza ou pode realizar, com sabedoria, para agradar a Deus?* (pausa)

O salmista nos ajuda a reconhecer a presença da sabedoria adquirida por uma pessoa que, ao longo da vida, passou por experiências. E fez destas experiências fonte de amadurecimento. Revela-nos que, apesar das dificuldades, limitações e procuras sem sentido, foi capaz de reconhecer a grandeza de Deus nas pequenas coisas e se entregar com humildade e sem reserva à Providência Divina. Realiza a experiência de fé em Deus, ao entregar-se a Ele tal como a criança que dorme no colo da mãe depois de alimentada. A fé gera esperança, e esta conduz à realização humana. O amadurecimento da fé proporciona sabedoria ao ser humano, suficiente para conduzi-lo a realizar uma reconciliação consigo mesmo, com Deus e com a realidade que o circunda.

> • *Também consigo me sentir no colo de Deus? (pausa)*

O Reino de Deus nos aponta para mudanças. Ter fé em Jesus Cristo é ter compromisso total com Jesus, o que exige mudança profunda, que envolve desprendimento dos esquemas definidos para haver verdadeira transformação. Para isso acontecer é necessária a sabedoria para inovar (nascer de novo) e discernir o que pertence a Deus, reconhecendo e abrindo-se à novidade dos valores de Jesus Cristo (justiça, paz, misericórdia, fraternidade, esperança, amor...), que se apresentam àqueles que se deixam guiar pelo Espírito de Deus. Jesus ensina que a conversão exige mudança radical de certos hábitos como a ganância, a imoralidade... e em seu lugar acrescentados os valores por Ele propostos.

> • *Encontro dificuldades em realizar mudanças em meu modo de agir? (pausa)*
> • *O que entendemos por nascer de novo? (pausa)*
> • *Analisando sua própria vida, reconhece a necessidade de nascer de novo, de abrir-se à novidade que o Senhor nos apresenta? (pausa)*
> • *O que diria a Deus sobre as mudanças que almeja realizar na sua vida? (pausa)*

R EZANDO A VIDA

Jesus fala de um novo nascimento em Deus, da água e do Espírito Santo. Coloquemos em oração estes momentos de reflexão, pedindo a Jesus que nos guie a abrir-nos a sua proposta de vida, para que possamos viver a novidade da ressurreição. Peçamos também ao Espírito Santo que atue em nossas vidas, transformando-nos e indicando o caminho de seguimento ao Senhor.

Avaliando a Experiência

Como a experiência de hoje ajuda a realizar uma autoavaliação sobre a forma de reconhecer e lidar com as minhas limitações? O que preciso mudar na maneira de ser e de agir para testemunhar com sabedoria os valores ensinados por Jesus? De que maneira o que refletimos nesta experiência pode ajudar a alimentar a minha fé, para que eu entenda o projeto de Deus e aconteça mudança em minha vida?

Testemunhando a fé com a vida

Usufruindo da experiência vivida e do compromisso total com Jesus, que exige mudança profunda, somos convidados a testemunhar Jesus através do reconhecimento e da prática dos valores de Jesus Cristo em nossa vida e realidade.

Oração final

Confiante no amor de Deus e convicto de que a sabedoria para discernir pertence a Deus, vos peço, Senhor, que envieis sobre mim a luz do Santo Espírito para me guiar no reconhecimento e vivência dos valores ensinados por Jesus Cristo, para ajudar a mim e àqueles com quem convivo a trilhar o caminho de valorização da vida, a purificar o coração, deixando que o plano de salvação se realize em cada um. **Amém.**

Bênção

Ó Deus, criador e redentor, que o vosso amor ajude desde já a entender o novo nascimento. **Amém.**

O seguimento fiel a Cristo possa proporcionar o supremo conhecimento, para que as experiências vividas possam se transformar em verdadeiro testemunho. **Amém.**

Que o Deus uno e trino ilumine com sua sabedoria a caminhada de discípulo missionário, em nome do Pai, do Filho e do Espírito Santo. **Amém.**

Batismo, compromisso com o anúncio do Evangelho

ACOLHIDA

Querido discípulo missionário de Jesus Cristo! Vimos que a ação salví-fica nos aponta caminhos para discernir com sabedoria o que pertence a Deus. E que este discernimento nos remete a realizar uma mudança profunda em nossas vidas para testemunhar os valores de Jesus Cristo: justiça, paz, misericórdia, fraternidade, esperança, amor, para promover a vida.

O que tem a dizer sobre o convite para testemunhar os valores de Jesus? Sente necessidade de realizar poucas ou muitas mudanças em sua vida? (momento de partilha ou meditação)

Nesta experiência vamos descobrir que o Batismo de Jesus nos revela que Ele é filho amado de Deus, ungido pelo Espírito Santo de Deus e o servo que entregará a sua vida para conduzir a humanidade à liberdade. Estamos reunidos em nome de Deus Trindade. Vamos invocá-lo para que possamos entender o Sacramento do Batismo e como podemos testemunhá-lo para prosperar na experiência da construção do Reino. Em nome do Pai...

REZANDO COM A PALAVRA

Preparemo-nos para acolher a Palavra de Deus interiorizando a frase: *EU TE FORMEI E TE FIZ COMO ALIANÇA DO POVO, COMO LUZ DAS NAÇÕES* (Isaías 42,6b).

Vamos ler e meditar os textos:
• **Primeiro Testamento:** Isaías 42,1-9 (Luz das nações)
• **Salmo 29(28)** (O poder de Deus na tempestade)
• **Segundo Testamento:** João 1,29-34 (Batismo de Jesus)

Isaías apresenta o missionário, o servo escolhido, que recebe a missão de apresentar às nações um novo modo de vida, conforme a justiça e o direito, sendo aliança e luz numa transformação radical para restaurar a paz e a felicidade, anunciando a misericórdia e fidelidade de Deus. Para isso o servo recebe o Espírito Santo de Deus.

> • *O que é necessário realizar para defender os direitos e a justiça? (pausa)*
> • *Onde reconheço a misericórdia de Deus? (pausa)*
> • *Em que momentos de minha vida me sinto servo de Deus? (pausa)*

O salmista destaca a transcendência de Deus, que exerce sua eterna realeza durante uma grande tempestade. Ao descrever a tempestade, em meio a trovões e relâmpagos, pode-se perceber a grande celebração da glória de Deus. Este Salmo nos ajuda a entender que a voz do Senhor se faz presente em tudo e a natureza se movimenta ao seu comando. Isto nos ajuda a compreender que o poder de Deus revelado ao dominar a natureza é o mesmo que usa para cuidar do ser humano. Diante disso cabe ao ser humano reconhecer o poder de Deus, confiar no Senhor e, como servo, saber respeitar e ouvir o Senhor. Assim, o ser humano será abençoado por Deus, conquistando a paz e a sua proteção.

> • *Em que situações reconheço o poder de Deus? (pausa)*
> • *Como expresso minha confiança no Senhor? (pausa)*
> • *Que atitudes revelam-me como servo que ouve a voz do Senhor? (pausa)*

João anuncia a vinda do Messias, que vai provocar profundas mudanças. João é a testemunha que declara quem é Jesus, o Cordeiro de Deus que tira o pecado do mundo. Ao se referir a Jesus como o cordeiro de Deus, João relaciona-o como o servo de Deus que entregará a sua vida para conduzir a humanidade a uma vida de liberdade. Quem batiza com o Espírito Santo para despertar a uma vida nova é o Filho de Deus, do qual provêm a graça e a salvação. Ainda, neste Evangelho, podemos compreender que a voz apresenta o mistério do homem que vai estabelecer o Reino de Deus, ou seja, o homem que será luz das nações e reunirá o povo de Deus.

> • *O que é para mim ser testemunha? (pausa)*
> • *Pelo Batismo recebemos o Espírito Santo e assumimos o compromisso de anunciar o Evangelho. Tenho consciência dos desafios que isso implica nos dias atuais? (pausa)*
> • *Como pretendo anunciar Jesus e testemunhar a fé? (pausa)*

REZANDO A VIDA

Ao estabelecer uma relação íntima com Deus, a partir de Jesus, que vem conduzir a humanidade a uma vida na liberdade, procure perceber a grande celebração da glória de Deus, mesmo nas tempestades da sua vida. (momento de interiorização)

Coloque-se confiante nas mãos de Deus para que Ele possa lhe moldar com radicalidade para ser luz nos ambientes em que vive. (preces espontâneas)

AVALIANDO A EXPERIÊNCIA

Como avalio a minha confiança no Senhor? No meu cotidiano estou exercitando minhas atitudes para promover a paz e a felicidade ao meu redor?

TESTEMUNHANDO A FÉ COM A VIDA

Pelo Batismo nos tornamos servos de Deus e, como tal, recebemos a missão de anunciar a misericórdia e a fidelidade de Deus, e um novo modo de vida, tornando-se luz para restaurar a paz e a felicidade.

> • *Que atitudes pretendo realizar para promover a paz e a felicidade como servo fiel de Deus em meu cotidiano?*

 Oração final

Senhor Jesus Cristo, enviado pelo Pai e ungido pelo Espírito Santo, fazei-nos servos dispostos a respeitar e ouvir o Senhor, a viver o vosso mistério e capazes de torná-lo conhecido e amado, para que o Reino de Deus se estabeleça no mundo e na eternidade, conquistando a paz e sua proteção. Amém.

Bênção

Que o Deus uno e trino ilumine e abençoe a nossa caminhada de discípulo missionário, para que possamos apresentar um novo modo de vida, sendo luz que promove a transformação e servo que anuncia a misericórdia e fidelidade a Deus. Em nome do Pai, do Filho e do Espírito Santo. Amém.

PARA SUAS ANOTAÇÕES

_____

_____

_____

_____

_____

_____

_____

_____

Confirmados para sermos testemunhas

Acolhida

Querido discípulo missionário de Jesus! Jesus é o servo de Deus, que vem conduzir a humanidade a uma vida na liberdade. Como foi a sua aplicação para realizar atitudes que promovessem a paz e a felicidade, sendo servos fiéis de Deus em seu cotidiano? Foi fácil, difícil, houve esquecimento, não encontrou abertura?... (momento de partilha ou meditação) Hoje vamos refletir o Sacramento da Confirmação, conhecido também como Crisma, que significa unção.

Ungido é exatamente o significado do nome "Cristo". Vamos iniciar esta experiência dizendo alto e lentamente os dons do Espírito Santo: sabedoria, inteligência, conselho, fortaleza, ciência, piedade, temor de Deus. Agora vamos rezar a oração do Espírito Santo procurando interiorizar o sentido de cada palavra que a compõe [...].

Rezando com a Palavra

Preparemo-nos para acolher a Palavra de Deus murmurando em forma de mantra.

RECEBEREIS O ESPÍRITO SANTO E SEREIS MINHAS TESTEMUNHAS (cf. Atos dos Apóstolos 1,8).

Vamos ler e meditar os textos:
- **Primeiro Testamento:** Isaías 11,1-3 (Uma sociedade ideal)
- **Salmo 143(142),1.10** (Súplica do justo)
- **Segundo Testamento:** Lucas 4,14-21 (O programa da atividade de Jesus)

A PROFUNDANDO A FÉ COM A VIDA

Isaías projeta a sociedade ideal fundamentada na justiça e capaz de promover a paz e a harmonia. Esta sociedade se fundará no total espírito de Javé, pela prática dos sete dons, onde as pessoas não serão julgadas ou sentenciadas pelas aparências, nem dará a sentença só por ouvir falar, mas será uma sociedade em que a prática da justiça promoverá a harmonia.

> • *Releia o texto e destaque os dons do Espírito Santo.*
> • *Estes dons são infundidos naqueles que, pelo Sacramento da Confirmação, são chamados a viver e anunciar os ensinamentos do Evangelho, professando a sua fé em Deus.*
> • *Como sinto o chamado de Deus para a missão? (pausa)*
> • *O que significa para você receber o Sacramento da Confirmação ou Crisma? (pausa)*

O Salmo nos convida a refletir sobre o pecado e a graça. Encontramos a súplica e a declaração do justo sobre o amor de Deus e das dificuldades que está vivendo, ao ver-se coagido a ceder às intenções do inimigo, sentindo que não conseguirá resistir. Diante de tal situação descreve-se como terra sedenta em busca da Palavra de Deus como a água que salva. Em sua prece recorda, também, as ações de Deus que sustentam a sua confiança e fortalecem a sua esperança de que o Senhor se revelará e o conduzirá pela mão.

> • *Em que momentos de nossas vidas nos sentimos como o justo? (pausa)*
> • *Que motivos me fizeram suplicar a Deus pela sua misericórdia? (pausa)*
> • *O que posso dizer sobre a confiança na ação de Deus em minha vida? (pausa)*

No Evangelho nos defrontamos com Jesus que lê a passagem do Profeta Isaías e nela reconhece que Deus está falando de sua missão: libertar o ser humano da escravidão, da opressão, do mal que o impedia de amar a Deus e ao próximo. Jesus, fortalecido pela graça do Batismo, ungido de

Deus, apresenta o plano de ação, o qual se revela em uma proposta para um novo tempo em que o amor de Deus se manifesta a todos que buscam a libertação. É no ano de graça do Senhor, em que todas as dívidas são perdoadas, que Jesus, com o poder do Espírito Santo que está nele, anuncia e convida a viver um novo tempo de reconciliação e partilha.

> • *Jesus foi ungido pelo Espírito Santo para anunciar a Boa-nova e o ano da graça do Senhor. O que mais lhe chamou a atenção nesta passagem do Evangelho? (pausa)*
> • *No Sacramento da Crisma recebem-se os dons do Espírito Santo e, como Jesus, somos ungidos. Como crismandos assumimos o compromisso de anunciar a Palavra de Deus, os valores do Evangelho em nosso tempo? (pausa) Como você se vê diante deste compromisso? (pausa)*
> • *Que atitudes são necessárias para confirmar a sua fé no meio em que vive? (pausa)*

Rezando a vida

O Espírito Santo, que nos é dado na Crisma, é o mesmo dom de Deus, capaz de unir-nos como Igreja e fazer-nos transformadores do mundo. Rezemos juntos: *"O Espírito do Senhor está sobre mim, porque ele me ungiu para anunciar a Boa-nova aos pobres; enviou-me para proclamar aos aprisionados a libertação, aos cegos a recuperação da vista, para pôr em liberdade os oprimidos, e anunciar um ano da graça do Senhor"* (Lucas 4,18-19).

Avaliando a experiência

> • *Já havia reconhecido que o compromisso de Jesus é também meu compromisso?*
> • *Quais são as dificuldades que você encontra para viver os sacramentos recebidos?*
> • *Em que a experiência de hoje me ajudou?*

Testemunhando a fé com a vida

Para testemunhar a igualdade, a fraternidade e a comunhão são necessárias a reconciliação e a partilha. Como testemunhas de Jesus Cristo, deixemo-nos guiar constantemente pelo Espírito e tornar a paixão pelo Pai e pelo Reino a nossa própria paixão. Como você pretende expressá-la? (pausa)

Oração final

Murmure várias vezes

O Espírito do Senhor está sobre mim. **Amém.**
Ele me ungiu para anunciar a Boa-nova aos pobres. **Amém.**
Enviou-me para proclamar aos aprisionados a libertação. **Amém.**
Aos cegos a recuperação da vista. **Amém.**
Para pôr em liberdade os oprimidos. **Amém.**
Para anunciar um ano da graça do Senhor. **Amém.**

Bênção

Que o Deus uno e trino ilumine a caminhada de discípulo missionário, ungido do Pai para anunciar a libertação do mal que impede de amar a Deus e ao próximo. Em nome do Pai, do Filho e do Espírito Santo. **Amém.**

PARA SUAS ANOTAÇÕES

Eucaristia, revelação do mistério pascal

Acolhida

Querido discípulo missionário de Jesus! Refletimos sobre o Espírito Santo dado na Crisma, que é o mesmo dom de Deus, capaz de unir-nos como Igreja e fazer-nos transformadores do mundo. Como foi a sua experiência de expressar seu testemunho de paixão pelo Pai e pelo Reino? Em que momentos se sentiu guiado pelo Espírito Santo? (partilha)

Deixemo-nos guiar constantemente pelo Espírito Santo de Deus para, hoje, refletir o Sacramento da Eucaristia a partir do sentido da Festa da Páscoa no Primeiro e Segundo Testamentos.

Os discípulos pediram a Jesus que os ensinasse a rezar. Ele lhes transmitiu a oração que aprendemos com nossos pais e que somos convidados a ensinar a nossos filhos e a nossos irmãos. É a oração que nos faz lembrar nossa irmandade de filhos de Deus, que rezamos antes de nos aproximar da mesa da Eucaristia para participar da ceia do Senhor.

Por isso iniciemos esta experiência rezando Pai nosso...

Rezando com a Palavra

Preparemo-nos para acolher a Palavra de Deus refletindo a frase:

QUEM COME MINHA CARNE E BEBE MEU SANGUE PERMANECE EM MIM, E EU NELE (João 6,56).

Vamos ler e meditar os textos:
- **Primeiro Testamento:** Êxodo 12,1-14 (A instituição da Páscoa)
- **Salmo 116(114 e 115)** (Ação de graças pela salvação)
- **Segundo Testamento:** Marcos 14,12-16.22-26 (A Páscoa com os discípulos)

A PROFUNDANDO A FÉ COM A VIDA

No Primeiro Testamento a Festa da Páscoa tem sua origem numa festa agrícola, para festejar a passagem do inverno para a chegada da primavera. Era um ritual realizado por pastores, para proteger a família e o rebanho dos males. Este ritual adquire sentido novo com o êxodo, ou seja, com a saída do povo hebreu do Egito, onde eram escravos. A partir deste fato a Páscoa tornou-se a lembrança da passagem que marcou a saída da terra da escravidão para a liberdade. Em outras palavras, a lembrança de que o Deus vivo libertou o povo do opressor e de seus ídolos. Para comemorar esta passagem o povo fazia uma ceia pascal na qual eram servidos cordeiro e ervas amargas para representar o tempo de escravidão e pão ázimo, sem fermento, para relembrar a miséria sofrida e pressa em deixar o Egito, sem tempo para deixar a massa levedar (cf. Êxodo 12,1-20).

- *O povo celebrava a Páscoa para guardar na memória a ação de Deus em suas vidas. O que isso diz a você nesse modo de agir do povo? (pausa)*
- *O que é para você libertação? (pausa)*
- *O que você faz para relembrar os momentos que marcam a revelação da presença de Deus em sua vida, libertando-o de alguma situação em que se sentia aprisionado, escravizado? (pausa)*

O salmista agradece a Deus, que atende quem o invoca. Retrata de que foi libertado – morte, angústia, aflição – e o modo como esta experiência contribuiu para que reconhecesse a justiça e o amor misericordioso de Deus que o liberta com suas bênçãos. Este reconhecimento se manifesta na expressão de fé e confiança em Deus. A ação de graças consiste em testemunhar o reconhecimento e gratidão pela ação salvífica de Deus na sua vida.

> • *Destaque palavras ou frases do Salmo que chamaram a atenção.*
> • *É duro para o Senhor ver morrer seus fiéis (Salmo 116,15). Como você entende este versículo? (pausa)*
> • *Como você manifesta, testemunha a sua confiança em Deus? (pausa)*

A celebração da Páscoa era para os judeus o marco da libertação do povo de Deus, que havia sido escravo no Egito. Jesus realiza a ceia pascal com seus discípulos para relembrar este fato. A novidade na ceia que Ele realiza é a revelação de que vai ser morto como o novo cordeiro pascal, ou seja, anuncia o mistério pascal da cruz e ressurreição. Trata-se de uma passagem decisiva: a passagem da paixão e morte de Jesus Cristo para a sua ressurreição e vida eterna, em que oferece à humanidade a salvação de Deus, o perdão dos pecados e a vida que não terá mais fim. Por este motivo a Páscoa é assumida pelos cristãos como festa principal do novo cordeiro pascal, isto é, a lembrança permanente de que Deus liberta seu povo através de Jesus Cristo. Com a vida e morte de Jesus ocorre o início de novo modo de vida, ou seja, a fé no ressuscitado garante a certeza e a esperança de uma vida digna para todos, *"de um novo céu e uma nova terra"* (Apocalipse 21,1), um novo tempo em que o mundo chegue à plena realização em Cristo.

> • *Você já participou alguma vez da Vigília Pascal? O que lhe chamou mais a atenção? (pausa)*
> • *Você já viu alguém ser fiel a outra pessoa, mesmo levando prejuízo? (pausa)*
> • *Dê exemplo de alguém que se doou totalmente pelo bem de outro(s). (pausa)*
> • *Como se dá isso em minha vida? Como é possível doar-se para os outros concretamente? (pausa)*
> • *Temos procurado entender os momentos da celebração eucarística? (pausa)*
> • *Como tem sido nossa participação nas celebrações eucarísticas ou missas? (pausa)*

Rezando a vida

Comungando com Jesus a vida, morte e ressurreição, também podemos e devemos viver como Jesus, sendo fiel ao Pai e ao seu projeto, participando da vida nova, da ressurreição...

Diante deste momento de recordação e revelação da presença de Deus na história da humanidade e em nossa história, elevemos os nossos pedidos e agradecimentos a Ele. Após cada pedido e agradecimento digamos: *Eu sou teu servo e filho(a), Senhor. Serei tua testemunha na presença do povo.*

Avaliando a experiência

- *Como a experiência de hoje pode me ajudar a entender os momentos da missa? (pausa)*
- *Como pode a Eucaristia me ajudar a reconhecer meus próprios valores e os valores dos outros? (pausa)*

Testemunhando a fé com a vida

Preparar-se para participar na Celebração Eucarística dominical, atento ao milagre da consagração.

Oração final

Grato a Deus pela vida recebida, sugerimos rezar o Salmo 136(135), 1-2.25-26.

 Bênção

O Deus da vida nos dê a graça de viver em comunhão e no serviço ao Reino. **Amém.**

Que Ele derrame a sua paz, agora e sempre. **Amém.**

Que se lembre de nós e nos abençoe para fazer o bem e testemunhá-lo. **Amém.**

Que o Deus uno e trino ilumine a caminhada de discípulo missionário, em nome do Pai, do Filho e do Espírito Santo. **Amém.**

PARA SUAS ANOTAÇÕES

2.2 SACRAMENTOS DE CURA

Pelos sacramentos da iniciação cristã, o ser humano recebe a vida nova de Cristo, mas esta nova vida de filhos de Deus pode ficar fragilizada pelo pecado. Jesus não só tem poder de curar, mas também de perdoar os pecados. É esta a finalidade dos dois sacramentos de cura: o Sacramento da Penitência e o Sacramento da Unção dos Enfermos.

Chama-se Sacramento da Penitência porque consagra um esforço pessoal e eclesial de conversão, de arrependimento e de satisfação do cristão pecador. É chamado de Confissão porque a declaração dos pecados diante do sacerdote é um elemento essencial desse sacramento. É chamado Sacramento da Reconciliação porque dá ao pecador o amor de Deus que reconcilia. Chamado Sacramento do Perdão porque, pela absolvição sacramental do sacerdote, Deus concede "o perdão e a paz".

Na doença, o ser humano experimenta sua impotência e seus limites, mas também pode se tornar uma pessoa mais madura, pois a enfermidade pode ajudar a descobrir o essencial em sua vida. Ao celebrar o Sacramento da Unção dos Enfermos, a Igreja, na comunhão dos santos, intercede pelo bem do enfermo. E o enfermo, por sua vez, pela graça desse sacramento, contribui para a santificação da Igreja e para o bem de toda a humanidade pelos quais a Igreja sofre e se oferece, por Cristo, a Deus Pai.

Jesus em casa de Zaqueu

 **A**COLHIDA

Querido discípulo missionário de Jesus! Na experiência anterior vimos que a Páscoa é assumida pelos cristãos como festa principal do novo cordeiro pascal, isto é, a lembrança permanente de que Deus liberta seu povo através de Jesus Cristo. Como foi a experiência de se preparar para participar de uma celebração eucarística dominical? Conseguiu ficar atento ao milagre da consagração?

Hoje vamos refletir que, através de uma experiência adulta com Jesus, é possível enriquecer a fé e melhorar nosso relacionamento com Deus e com os irmãos.

O reconhecimento é a fase da missão do cristão que o motiva a seguir na estrada de Jesus. O seguimento consciente e convicto de Jesus nos impulsiona a sermos testemunhas em qualquer lugar onde estivermos. Peçamos a Deus que nos dê coragem para sermos suas alegres testemunhas, rezando o Pai-nosso.

REZANDO COM A **P**ALAVRA

Preparemo-nos para acolher a Palavra de Deus recitando em forma de mantra

HOJE A SALVAÇÃO ENTROU NESTA CASA (Lucas 19,9).

Vamos ler e meditar os textos:
• **Primeiro Testamento:** Eclesiástico 29,8-13 (A esmola)
• **Salmo 130(129)** (Confiança no perdão divino)
• **Segundo Testamento:** Lucas 19,1-10 (Jesus em casa de Zaqueu)

A PROFUNDANDO A FÉ COM A VIDA

Para ser generoso é preciso ser cauteloso gastando os bens de modo adequado e para efetiva caridade, conforme a orientação de Deus, ou seja, é preciso usar os bens para ajudar uma pessoa em suas necessidades. A oferta aos necessitados é um exercício para a partilha e ajuda no desapego. Contudo, a quem a recebe a esmola é necessário administrá-la bem para que não precise ficar esmolando e conquiste a sua independência e possa ser alguém a ajudar um necessitado. O exercício da caridade fortalece a maturidade quanto à distribuição igualitária de bens.

> • *O que é para mim dar esmola? (pausa)*
> • *O modo como faço doações é um exercício de partilha e ajuda? (pausa)*
> • *É importante refletirmos sobre o bom uso do dinheiro. Como está o nosso desapego das coisas materiais? (pausa)*

O salmista suplica durante grave doença. Os israelitas acreditavam que a enfermidade era consequência de pecado e somente o perdão podia curar. Como desejo de purificação e libertação interior, iam ao encontro do Deus misericordioso, para reconciliar-se com Ele e com a comunidade de fé.

> • *Qual é o desejo de purificação e libertação que preciso para minha vida? (pausa)*
> • *Sinto-me reconciliado com Deus e com a comunidade? (pausa)*

Nesta passagem reconhecemos a proposta para quem deseja alcançar a salvação. A salvação foi o que motivou Zaqueu **na busca** de ver Jesus? Essa busca ocorre quando ele se une ao povo para encontrá-lo. Essa busca e encontro o conduzem a acolher, aceitar e entregar-se a Jesus. Vejamos os momentos da conversão de Zaqueu: desejo de conhecer Jesus; acolhe-o em sua casa e o que Jesus lhe propôs, entregou-se quando se dispôs a partilhar os bens e devolver com juros o que roubou. Vimos que a experiência desse momento efetiva a sua conversão, pois envolveram mudança de atitude, arrependimento e correção do mal que causou.

- *O que motiva em nossa caminhada a busca de Deus? (pausa)*
- *Que atitudes revelam a conversão de Zaqueu? (pausa)*
- *Como acontece a conversão em nossa vida? (pausa)*
- *O reconhecimento dos pecados e a percepção de que no Senhor está a misericórdia ajuda no desenvolvimento da espiritualidade pessoal. Como interpretamos a frase de Jesus: "O Filho do Homem veio procurar e salvar o que estava perdido?" (pausa)*
- *A experiência de Zaqueu serve para a minha vida? (pausa)*

Rezando a vida

Silenciemos para acolher Jesus, ouvi-lo e a Ele entregar o nosso ser, dizendo:

Senhor, nós te acolhemos com alegria em nossa casa!

Para que a salvação entre em nossa casa, ajuda-nos, Senhor... (preces espontâneas)

Avaliando a experiência

- *Que aspectos desta experiência marcaram mais a minha vida?*
- *Dessa reflexão o que pretendo lembrar para sempre?*

Testemunhando a fé com a vida

O encontro verdadeiro e transformador com Jesus nos compromete. Que compromisso devo assumir nesta semana?

ORAÇÃO FINAL

A Palavra que sai da boca de Deus, revelada em Jesus Cristo, encontre nos corações a mesma motivação de Zaqueu e possa produzir frutos de vida. **Amém.**

A experiência vivida com Jesus permita fazer dele hóspede querido, em casa, e já possa experimentar as alegrias do amor de Deus. **Amém.**

Rezemos o Salmo 130(131), pedindo a Deus que nos purifique.

BÊNÇÃO

Deus, que é mãe e pai, abençoe hoje e sempre. **Amém.**

Que o Deus uno e trino ilumine a caminhada de discípulo missionário, em nome do Pai, do Filho e do Espírito Santo. **Amém.**

PARA SUAS ANOTAÇÕES

_____

_____

_____

_____

_____

_____

_____

_____

Sacramento da Penitência ou Reconciliação

ACOLHIDA

Querido discípulo missionário de Jesus! Refletimos sobre a conversão que começa com o desejo de conhecer profundamente Jesus. Desejosos de também ouvirmos do Senhor "Hoje a salvação entrou nesta casa", abramos o nosso coração e vamos revisitar o compromisso que assumimos na experiência anterior, analisando como o colocamos ou não em prática e por quê. (partilha)

Fomos feitos para a vida! Para tanto é necessário que estejamos bem conosco, em comunhão com os irmãos e com a natureza, criaturas de Deus, e em comunhão terrena e eterna com Deus.

Conscientes de que o pecado nos desvia do valor da vida e mata a vida divina no coração humano, pedimos a Deus que, na experiência de hoje, possamos nos aproximar mais e melhor do projeto de Deus, pedindo entre nós a presença de Deus Trindade...

REZANDO COM A PALAVRA

Preparemo-nos para acolher a Palavra de Deus sentindo profundamente a frase:

VAI PRIMEIRO RECONCILIAR-TE COM TEU IRMÃO (Mateus 5,24).

Vamos ler e meditar os textos:
- **Primeiro Testamento:** Isaías 55,1-5 (Convite a participar da salvação)
- **Salmo 51,3-21** (Prece de um coração contrito)
- **Segundo Testamento:** Mateus 5,21-26 (A radicalização da nova lei)

A PROFUNDANDO A FÉ COM A VIDA

As pessoas aplicam mal os seus recursos financeiros e acabam passando por necessidades básicas para sobreviver. O profeta convida a uma nova atitude, pois Deus coloca a vida humana em primeiro lugar, transforma todas as relações sociais e assegura a todos o alimento e a dignidade humana. Deus oferece o alimento gratuito e confortante. A Palavra de Deus estabelece uma aliança eterna, a qual atrairá os povos, pois perceberão ser esse o verdadeiro projeto de vida.

> • *As questões financeiras têm prejudicado a boa convivência entre as pessoas? (pausa)*
> • *Valorizo as relações sociais primando pela vida e dignidade das pessoas? (pausa)*

O Salmo de hoje é penitencial. Na primeira parte do Salmo o autor se reconhece pecador, relacionando as atitudes que retratam os seus pecados que ofendem a Deus. Expressa seu pedido de perdão, o seu arrependimento e a busca pela graça divina pedindo para purificá-lo, e o restabelecimento da aliança com o Senhor. É na misericórdia de Deus, revelada pelo perdão, que o penitente se identifica capaz de ser missionário para anunciar o caminho que conduz à salvação, como também liberto para louvar o Senhor e seus feitos.

> • *Destaque no texto alguns pedidos de perdão pelos pecados (Salmo 51,3-11).*
> • *Na segunda parte o autor reconhece a graça de Deus. Destaque no texto alguns pedidos de reconciliação e purificação (Salmo 51,12-19).*

Com Jesus aprendemos a reconhecer que a Lei de Deus prima pela justiça e que esta se realiza se olharmos a vida pelo viés do amor, ou seja, colocar a lei em prática a partir do plano de amor que Deus nos destinou a realizar: usando da lei para fortalecer as atitudes de paz, para gerar felicidade, para restituir à dignidade o que ofende a vida do próximo. A mais simples ofensa ao irmão é sinal de morte, portanto, o discípulo de Jesus tem a coragem de dar o primeiro passo para a reconciliação.

> • *O que provoca em nós a reconciliação?* (pausa)
> • *Como entendemos que o pecado sempre tem dimensão pessoal e social?* (pausa)
> • *Ao se sentir culpado, procure urgentemente a reconciliação. Para se fazer uma boa confissão, quais são as condições?* (pausa)

PARA FAZER UMA BOA CONFISSÃO É NECESSÁRIO SE PREPARAR BEM. CINCO ATITUDES SÃO NECESSÁRIAS:
1°) EXAME DE CONSCIÊNCIA; 2°) ARREPENDIMENTO; 3°) BOM PROPÓSITO; 4°) CONFISSÃO E ABSOLVIÇÃO; 5°) PENITÊNCIA.

REZANDO A VIDA

Após a absolvição dos pecados a pessoa reconciliada responde com hinos de ação de graças. Em pé também somos convidados a proclamar (se, em grupo, todos) o Salmo 51(50),17.

Neste momento de oração, cada um de nós pode realizar simbolicamente o gesto de lavar as mãos em sinal de purificação, pedindo perdão por algum pecado cometido. (momento de silêncio)

Reconciliados conosco, com os irmãos e com Deus, rezemos o Ato de Contrição: *Meu Deus, arrependo-me de todo o meu coração de vos ter ofendido, porque sois tão bom e amável. Prometo, com vossa graça e misericórdia, nunca mais pecar. Amém.*

AVALIANDO A EXPERIÊNCIA

Como estou correspondendo aos desejos de Deus estando em comunhão comigo mesmo, com os irmãos e com a natureza, criaturas de Deus, e em comunhão terrena e eterna com Deus?

Testemunhando a fé com a vida

Para testemunhar o dom do perdão misericordioso de Deus devo ter a coragem de dar o primeiro passo para a reconciliação com alguém que ainda esteja magoado(a)...

Oração final

Ó Deus, Tu és a verdadeira luz e a verdadeira paz. Conforta o meu coração com a paz da justiça e afasta o ódio, a inveja, as discórdias e o egoísmo de minha vida.

Bênção

Que o amor misericordioso de Deus dê o entusiasmo de anunciá-lo ao mundo de coração aberto e generoso. **Amém.**

Que a aliança eterna, que atrai os povos e devolve a alegria, dê coragem para dar o primeiro passo para a reconciliação. **Amém.**

Que o Deus uno e trino ilumine a caminhada de discípulo missionário, em nome do Pai, do Filho e do Espírito Santo. **Amém.**

PARA SUAS ANOTAÇÕES

Parábola do Filho Pródigo

COLHIDA

Querido discípulo missionário de Jesus! Na experiência anterior vimos que Jesus aperfeiçoa a lei, a nova justiça atinge também o interior da pessoa. Revendo o nosso compromisso da experiência anterior pensemos: Quais sentimentos são vividos durante o processo de reconciliação entre as pessoas? O que tenho a dizer sobre minha(s) experiência(s) de reconciliação? (momento de partilha)

Perdoar e ser perdoado, para Jesus, fazia parte do processo de cura e de salvação. Era sinal de amor e de acolhida do Pai. Procuremos refletir mais sobre este movimento participando da experiência de hoje.

Como todos nós desejamos encontrar a paz interior, libertos de culpa, de mágoas e de ressentimentos, peçamos a Deus a sua luz para podermos fazer nesta data a experiência do caminho do perdão que, certamente, é o caminho para a paz, cantando "Ó Luz do Senhor, que vem sobre a Terra..."

REZANDO COM A PALAVRA

Preparemo-nos para acolher a Palavra de Deus meditando a frase:
ESTE TEU IRMÃO ESTAVA MORTO E VOLTOU À VIDA (Lucas 15,32)

Vamos ler e meditar os textos:
• **Primeiro Testamento:** Isaías 56,1-2 (Deus chama a todos)
• **Salmo 25(24)** (Prece de perdão e salvação)
• **Segundo Testamento:** Lucas 15,11-32 (Parábola do Filho Pródigo)

O novo céu e a nova terra se torna realidade se o ser humano compreender que Deus o ajudará mediante a sua colaboração. Ou seja, será feliz o ser humano que pratica e mantém a observação do direito e da prática da justiça junto aos seus semelhantes. A salvação está próxima e a justiça está para se revelar.

> • *Como me reconheço colaborador de Deus?* (pausa)
> • *A inclusão é uma atitude necessária para haver justiça. O que sei sobre o valor da inclusão?* (pausa)

No Salmo a misericórdia divina se revela na relação de Deus com os fiéis do povo eleito. A súplica de perdão dos próprios pecados e de proteção divina em situação pessoal de grave perigo é um modo que o salmista encontra para pedir a Deus auxílio para encontrar novas possibilidades de agir e viver, ciente de sua situação e manifestando-se aberto ao projeto de Deus.

> • *É importante avaliar a própria conduta e reconhecer os próprios pecados?* (pausa)
> • *O reconhecimento dos pecados e o pedido de perdão ajudam em quê?* (pausa)

A conversão tem início com a tomada de consciência. O filho mais novo sente que está perdido na sua dignidade de ser humano. O pai, além de perdoar, restabelece a dignidade do filho. O irmão mais velho, embora justo, mostra-se intolerante e incapaz de reconhecer a importância de abrir novas oportunidades ao irmão arrependido e de partilhar da festa de restabelecimento de sua dignidade. O desafio é estar ciente de que a inclusão requer acolhimento, oferta de nova oportunidade e recursos para o ser humano restabelecer sua dignidade.

- *O que nos ensina a atitude do filho mais novo, que se afasta, toma consciência do seu erro, volta, pede perdão? (pausa)*
- *A acolhida do pai demonstra não só o perdão, mas também restabelece a dignidade humana do filho. O que nos ensina a atitude do pai? (pausa)*
- *O filho mais velho é justo, porém tem dificuldade para aceitar a volta do irmão e o acolhimento do pai. O que nos ensina a atitude do filho mais velho, que esteve sempre com o pai, nunca desobedeceu e rejeitou o retorno do irmão? (pausa)*
- *Ele se recusa a participar da alegria por quê? (pausa)*
- *Como os doutores da Lei e os fariseus lidavam com os pecadores? (pausa)*

REZANDO A VIDA

Façamos como o filho mais novo que revê a sua vida e, voltando para o pai, pede seu perdão. Digamos: **Senhor, perdoa-me porque pequei contra ti e contra meus irmãos.**

1) Pelas vezes em que, buscando prazer e poder, descuidei de Deus e dos irmãos, peço.

2) Pelas vezes em que, acomodado, fechei o coração à compaixão, peço.

3) Pelas vezes em que não fui pacífico e justo, peço.

4) Pelas vezes em que... peço. (preces espontâneas)

AVALIANDO A EXPERIÊNCIA

- *Numa sociedade tão violenta temos dificuldade para perdoar e acolher como o filho mais velho?*
- *Quando experimentamos o abraço amoroso do Pai, que nos perdoa e restaura nossa dignidade?*

Testemunhando a fé com a vida

O amor misericordioso de Jesus Cristo diante dos pecadores ainda pode ser praticado por nós?

Que compromisso cada um de nós pode assumir para revelar a misericórdia de Deus e acolher os nossos irmãos? (pode ser pessoal ou uma proposta do grupo)

Oração final

Rezemos a oração atribuída a São Francisco de Assis como expressão do nosso desejo de praticar o direito e a justiça, indistintamente, inspirados no amor de Deus para conosco.

Senhor, fazei-me instrumento de vossa paz.
Onde houver ódio, que eu leve o amor;
Onde houver ofensa, que eu leve o perdão;
Onde houver discórdia, que eu leve a união;
Onde houver dúvida, que eu leve a fé;
Onde houver erro, que eu leve a verdade;
Onde houver desespero, que eu leve a esperança;
Onde houver tristeza, que eu leve a alegria;
Onde houver trevas, que eu leve a luz.
Ó Mestre, fazei que eu procure mais
consolar, que ser consolado;
compreender, que ser compreendido;
amar, que ser amado.
Pois é dando que se recebe,
é perdoando que se é perdoado,
e é morrendo que se vive para a vida eterna.

BÊNÇÃO

Deus, luz de todos os povos, reúna a todos na unidade do seu amor. **Amém.**

Que o reconhecimento dos pecados e o pedido de perdão ajude no caminho da verdadeira conversão. **Amém.**

Que o Deus uno e trino ajude a perdoar e acolher a quem nos tem ofendido em nossa caminhada de discípulo missionário, em nome do Pai, do Filho e do Espírito Santo. **Amém.**

PARA SUAS ANOTAÇÕES

_____

_____

_____

_____

_____

_____

_____

_____

_____

_____

_____

Unção dos Enfermos, fonte de vida nova

A COLHIDA

Querido discípulo missionário de Jesus! Anteriormente refletimos o amor misericordioso de Jesus Cristo diante dos pecadores. Como cada um de nós pôde assumir a revelação da misericórdia de Deus para com os irmãos? (pausa)

Hoje vamos refletir sobre a Unção dos Enfermos, que é o sacramento da esperança, porque ajuda a pessoa humana a entregar-se confiante nas mãos de Deus.

Coloquemos o dia de hoje em intenção aos enfermos de nossas famílias, de nossa comunidade dizendo seus nomes... Pedimos ao Pai, ao Filho e ao Espírito Santo que nos ajude a entender através da Palavra de Deus o perdão e a morte salvadora de Cristo.

R EZANDO COM A PALAVRA

Preparemo-nos para acolher a Palavra de Deus interiorizando em nosso coração a frase

EU SOU O SENHOR QUE TE CURA (Êxodo 15,26).

Vamos ler e meditar os textos:
- **Primeiro Testamento:** Êxodo 15,25-26 (Eu sou o Senhor que te cura)
- **Salmo 6** (Oração de um penitente)
- **Segundo Testamento:** Marcos 6,7-13 (Missão dos doze)

APROFUNDANDO A FÉ COM A VIDA

Na leitura do Êxodo vimos que Deus pode nos conduzir a situações para provar a nossa fé, tal como fez com o povo guiado por Moisés que, sedento, encontra água ruim e começa a reclamar expressando seu descontentamento. Moisés clamou ao Senhor, pois, para o povo não desanimar nem acabar descrendo no projeto da libertação, os líderes cuidavam das suas necessidades básicas. Deus responde ao clamor, pois não havia abandonado o povo, e orienta Moisés sobre como agir para tornar a água doce e matar a sede do povo. Contudo, Deus lhe deu uma ordem e fez uma promessa.

> * *Destaque do texto a ordem que Deus dá a Moisés? (pausa)*
> * *Esta ordem se aplica a nós ainda hoje? (pausa)*
> * *Qual foi a promessa que Deus fez ao povo? (pausa)*

A enfermidade é vista como castigo de Deus. A súplica do salmista expressa que sua fé o aproxima de Deus, reconhecendo sua fraqueza e depositando nele a confiança de que o livrará do sofrimento que o aflige. Supõe que Deus se volte para dar a vida e a libertação da morte, por ser benigno e misericordioso. O amor de Deus cura o enfermo e prova que Ele ouve o clamor dos aflitos.

> * *O que aprendi com este Salmo para minha vida? (pausa)*
> * *Na enfermidade qual é a minha relação, diálogo com Deus? (pausa)*
> * *Mentalmente reescreva o Salmo apresentando ao Senhor as suas súplicas para curá-lo das enfermidades que o afligem. (pausa)*

Os discípulos, ao receberem a missão de continuar as atividades de Jesus, expulsavam muitos demônios e curavam muitos doentes, ungindo-os com óleo.

Esta sagrada unção mantém-se presente em nossa Igreja até os dias de hoje e deve ser conferida com carinho, empenho e cuidado aos fiéis que adoecem gravemente ou por velhice.

Segundo a carta de Tiago, a finalidade é a de curar, pois, segundo ele, se "Alguém entre vós está enfermo, mande chamar os presbíteros da Igreja, para que orem sobre ele, ungindo-o com óleo em nome do Senhor" (Tiago 5,14-16).

> • *Qual a finalidade do Sacramento da Unção dos Enfermos? (pausa)*
> • *Como podemos envolver a comunidade no compromisso de assumir a luta contra as situações de miséria e injustiça? (pausa)*

REZANDO A VIDA

Para testemunhar o serviço de atendimento aos enfermos são necessárias mudanças de atitudes dos nossos fiéis em relação à visita aos enfermos em hospitais e na comunidade, mas também organização da sociedade ao cobrar o seu direito de receber o atendimento a uma saúde de qualidade.

No sofrimento, Jesus continua vivendo seu mistério de Paixão e Morte, para que ressuscitemos com Ele. A fé nos leva a crer no poder de Jesus que nos salva, a agradecer a graça da vida e a graça de poder amar sempre mais a Deus e aos irmãos...

Rezemos o Salmo 6 como ato de súplica à cura das enfermidades.

AVALIANDO A EXPERIÊNCIA

Como posso agir para melhorar o atendimento à saúde de minha comunidade?

TESTEMUNHANDO A FÉ COM A VIDA

Como posso me comprometer em ajudar a comunidade a entender o Sacramento da Unção dos Enfermos?

ORAÇÃO FINAL

Confiante no amor de Deus e convicto de que a única cura eficaz da enfermidade espiritual é a conversão, que liberta da morte e suscita no coração a aversão ao pecado, oremos juntos em forma de mantra: "Volta, Senhor, liberta minha alma! Salva-me por teu amor" (Salmo 6,5).

BÊNÇÃO

O Deus da misericórdia e da consolação seja força em nossos sofrimentos, agora e sempre. **Amém**.

Que o Senhor nos liberte do mal que nos aflige e infunda seu vigor ao corpo e ao coração, concedendo a sua paz. **Amém**.

Demos Glória ao Pai e ao Filho, honra ao Espírito Santo e louvor para sempre ao Senhor uno e trino que nos acompanha na caminhada de discípulo missionário, em nome do Pai, do Filho e do Espírito Santo. **Amém**.

PARA SUAS ANOTAÇÕES

2.3 SACRAMENTOS DO SERVIÇO

Enviada por Deus às nações para ser sacramento universal da salvação, a Igreja esforça-se para anunciar o Evangelho a todos.

Compete à Igreja anunciar sempre e por toda parte os princípios morais, mesmo referentes à ordem social, e pronunciar-se a respeito de qualquer questão humana, enquanto o exigirem os direitos fundamentais da pessoa ou a salvação.

Nesta mudança de época, a Igreja resgata o processo de inspiração catecumenal e propõe a iniciação à vida cristã como um processo de evangelização, de catequese, de interação entre fé e vida, de engajamento na vida comunitária, de fraternidade cristã e de participação na missão eclesial.

Para a efetivação da evangelização são necessários recursos humanos, isto é, os sacramentos do serviço permitem às pessoas um contato vivo e pessoal com Jesus Cristo, mergulhando nas riquezas do Evangelho, com mudança de atitudes, e iniciando a verdadeira e a eficaz vida de comunidade cristã e plena participação da vida divina.

Feita a opção de fé, ao debruçar-se sobre o processo de seguimento e a dinâmica pelas quais se torna cristão, a missão leva à transformação da sociedade com a inserção na comunidade e o engajamento na vida social, política, econômica em nome da fé em Jesus Cristo.

Água Viva

ACOLHIDA

Querido discípulo missionário de Jesus! Na experiência anterior vimos que Deus ouve o clamor dos aflitos, mas depende do discípulo missionário para atender com carinho, empenho e cuidado aos irmãos que adoecem. Como se organizou e/ou realizou a proposta de tornar o Sacramento da Unção dos Enfermos conhecido em sua comunidade? (partilha)

Todos nós temos a sede de amar e de ser amado; a sede de acolher e de ser acolhido; a sede de dar sentido à vida e poder ser sujeito na construção da própria história. Reconheceremos nesta experiência como Jesus nos ajuda a saber saciar esta sede.

Com alegria e entusiasmo nos preparemos para refletir e rezar a experiência e sugerimos cantar:

És água viva (CD **Sol nascente, sol poente.** Pe. Zezinho, SCJ).

Sentindo-nos revigorados pela certeza da presença do Senhor entre nós iniciemos a experiência de hoje em nome do Pai, do Filho e do Espírito Santo. **Amém.**

REZANDO COM A PALAVRA

Preparemo-nos para acolher a Palavra de Deus pedindo e repetindo o primeiro versículo bem alto e gradativamente diminuindo o tom de voz até chegar ao murmúrio.

SENHOR, DÁ-ME DESSA ÁGUA (João 4,15).

Vamos ler e meditar os textos:
• **Primeiro Testamento:** Isaías 55,1.8-9 (Convite a participar da salvação)
• **Salmo 42,2-6** (A alma sedenta de Deus)
• **Segundo Testamento:** João 4,4-26 (Jesus e a samaritana)

A PROFUNDANDO A FÉ COM A VIDA

Somente a Palavra de Deus pode saciar a sede gratuitamente e confortante. Os pensamentos e os caminhos de Deus são diferentes dos conceitos humanos, e estão acima do entendimento humano.

> • *Em que momentos da minha vida posso dizer que a Palavra de Deus se tornou alimento confortante? (pausa)*

O salmista relembra os momentos de felicidade vividos na presença de Deus. Sente sede de Deus, do Deus vivo. Nas águas correntes a alma suspira e as lágrimas são alimento enquanto busca a Deus.

> • *Durante as celebrações litúrgicas sinto-me feliz? A que relaciono esta felicidade? (pausa)*
> • *Em que momentos sinto sede de Deus? O que faço nestes momentos? (pausa)*

Para a samaritana, água viva significa a água que corre da fonte, enquanto que para Jesus é a verdade e a graça. Jesus, nessa passagem, supera os preconceitos de raça e as discriminações sociais, supera o nacionalismo religioso. No Evangelho é importante observar momentos fortes, como "Dá-me de beber!"... "um judeu"... "água viva"... "não tens com que tirar água" e o "poço é fundo"... "A água que eu lhe der será nele uma fonte que jorra para a vida eterna"... "Vai chamar teu marido e volta aqui"... "vejo que és um profeta"... "Sou eu, que falo contigo".

O diálogo com Jesus ajuda a reconhecer os próprios enganos, abrindo as possibilidades para que a graça penetre em sua vida. É no encontro com Ele que, pelo dom do Espírito, é conduzida ao reencontro com o Pai. É neste encontro que se faz o caminho de conversão, de mudança, de crescimento e vida. É a luz do seu olhar que descobre a verdade e a vocação de filhos e filhas de Deus saciados pela sua graça que liberta e salva.

- *Como tenho dialogado com o Senhor? (pausa)*
- *Como está minha sede de Deus? (pausa)*
- *Se Jesus viesse ao meu encontro, qual seria o tema de nossa conversa? (pausa)*

Rezando a vida

"Senhor, dá-me dessa água, para que eu não sinta mais sede" (João 4,15). A partir deste versículo façamos a nossa oração conforme o nosso interior desejar expressar espontaneamente. Após cada prece podemos repetir o versículo.

Avaliando a experiência

A água é símbolo da vida e da presença do amor de Deus derramado em nossos corações por meio do Espírito Santo.

- *Esse sinal do amor de Deus presente no sacramento tem a ver com a nossa vida? (pausa)*
- *Existe íntima relação entre vida e sacramento? (pausa)*

Testemunhando a fé com a vida

Fazer um levantamento sobre as sedes existentes em você, na própria casa, na comunidade, no bairro ou na cidade. Tentar de alguma forma melhorar essa situação.

ORAÇÃO FINAL

Graças vos damos, Senhor Deus Onipotente, por nos libertar dos enganos, por nos conduzir de volta ao Pai, por nos iluminar, para que encontremos o caminho de crescimento e vida, por saciar nossa sede de viver, segundo os preceitos confortantes da Palavra, por nos ajudar a reconhecer e viver a nossa vocação batismal. Para esta missão vos pedimos, Senhor Deus, que nos dê a capacidade de transmitir, como discípulos missionários, a Boa-nova, para que possamos ajudar a saciar a sede dos desanimados com palavras de coragem. Por Cristo, nosso Senhor. **Amém.**

BÊNÇÃO

Ó Deus, Pai de misericórdia, abençoai-nos, para que vivamos saciados pela Palavra, e nosso caminho seja iluminado com a vossa luz, que nos orienta na busca da salvação. **Amém.** Deus, que é mãe e pai, abençoai-nos hoje e sempre. **Amém.**

Que o Deus uno e trino ilumine a caminhada de discípulo missionário, em nome do Pai, do Filho e do Espírito Santo. **Amém.**

PARA SUAS ANOTAÇÕES

Sacramento do Matrimônio

ACOLHIDA

Querido discípulo missionário de Jesus! Anteriormente refletimos sobre as "sedes" e os momentos de felicidade vividos na presença de Deus. O que pode ser partilhado sobre o levantamento que fez sobre as suas sedes e as existentes em seu entorno?

Os sacramentos são sinais sagrados e gestos de amor em nossa vida. Vejamos como se expressa este amor no Sacramento do Matrimônio. Como família nos acolhamos a todos com um abraço.

O matrimônio cristão é comunhão de vida entre um homem e uma mulher para a vida toda. Com alegria e entusiasmo iniciemos nossa experiência em nome do Pai, do Filho e do Espírito Santo. **Amém.**

REZANDO COM A PALAVRA

Preparemo-nos para acolher a Palavra de Deus recitando o versículo: *DEUS CRIOU O SER HUMANO À SUA IMAGEM, À IMAGEM DE DEUS O CRIOU* (Gênesis 1,27).

Vamos ler e meditar os textos:
- **Primeiro Testamento:** Gênesis 1,27–2,24 (Origem do mundo e da humanidade)
- **Salmo 45(44),11-12.16-18** (Poema nupcial para o rei)
- **Segundo Testamento:** Marcos 10,1-10 (A dignidade do matrimônio)

A PROFUNDANDO A FÉ COM A VIDA

No Livro do Gênesis é relatada a criação do homem e da mulher à imagem de Deus. Este mesmo homem deixará seu pai e sua mãe e se unirá a uma mulher, e os dois formarão uma só carne. Estes versículos nos estimulam a refletir a vontade de Deus, que, ao conceder ao homem uma companheira, revela-nos que ao deixar a sua família de origem continuará a amá-los e respeitá-los, contudo, ao unir-se a uma mulher estabelece-se uma relação de complementaridade para viverem o plano de Deus que se concretiza no amor.

- *Como nos vemos enquanto imagem e semelhança de Deus? (pausa)*
- *Como concretizamos em nossa vida a dimensão da complementaridade? (pausa)*
- *O que podemos dizer a Deus sobre sermos uma só carne? (pausa)*

O salmista orienta para a constituição de nova família, esquecendo o povo e a casa paterna, e lembrando que em lugar dos pais virão os filhos.

O Salmo nos conduz a reconhecer a importância da dedicação e do amor na formação de uma família.

- *Como escreveríamos este Salmo para apresentar a Deus a nossa dedicação e amor vividos na família?*

Para Jesus o matrimônio, alicerçado no amor, é abençoado por Deus e com vocação de eternidade. Reflete a lei do divórcio, que foi aceita por causa da dureza de coração. No entanto, retomando as escrituras lembra que Deus os fez homem e mulher e unidos formarem uma só carne. Jesus nos apresenta o matrimônio como sinal do amor de Deus, que exige a fidelidade, confirmando-o como sacramento, abençoado por Deus. Assim, tanto o homem quanto a mulher se tornam corresponsáveis pela harmonia e união do casal, exercendo os mesmos direitos e deveres.

- *O que ajuda e atrapalha a convivência do matrimônio? (pausa)*
- *Como podemos ajudar os casais em crise? (pausa)*

Rezando a vida

Os sacramentos dão força, coragem, ânimo e inspiração para uma vida cristã. Na vivência dos sacramentos nos tornamos seguidores autênticos e corajosos de Jesus. Peçamos a Deus que ilumine as nossas famílias (preces espontâneas).

Avaliando a experiência

Diante do que vimos e ouvimos que projeto desejo construir em e/ou com minha família?

Testemunhando a fé com a vida

O que vamos assumir concretamente como família em relação ao sacramento refletido?

Oração final

Ó Pai misericordioso, amparai-nos e fortalecei-nos, para que possamos descobrir o verdadeiro sentido do amor. Amparai nossa família nas dúvidas e incertezas. Defendei-a de todos os males e perigos que possam destruir a sua união, e dai-lhe a graça de viver a vocação do amor, testemunhando a experiência filial do amor do Pai, do Filho e do Espírito Santo. Amém.

Rezemos uma Ave-Maria pedindo a intercessão de Maria e José, para que todos os que convivem e fazem parte da família, ao entrarem em nosso lar, sintam a paz e o amor de que o Senhor é fonte principal. Amém.

Ave Maria...

Bênção

Que o vosso Divino Espírito Santo ilumine todos os filhos de Deus, para que sejam testemunhas no amor a Vós e a vosso Filho, Jesus Cristo, Nosso Senhor. **Amém.**

Que o Deus uno e trino ilumine a caminhada de discípulo missionário junto a nossa família, em nome do Pai, do Filho e do Espírito Santo. **Amém.**

PARA SUAS ANOTAÇÕES

Vocação a serviço do povo

Acolhida

Querido discípulo missionário de Jesus! Para Jesus o matrimônio, alicerçado no amor, é abençoado por Deus e com vocação de eternidade. Retomando as escrituras lembra que Deus os fez homem e mulher, e unidos formam uma só carne. Que tal destacar os principais aspectos que a experiência anterior lhe despertou e que compromissos assumiu como família em relação ao matrimônio? (momento de reflexão e partilha)

Hoje vamos refletir o Sacramento da Ordem como vocação e missão a serviço do Reino e do povo.

A Igreja no Brasil conta com a participação e a atuação de um número cada vez maior de pessoas envolvidas na motivação do serviço de animação vocacional. Sensibilizados pela importância das vocações no serviço de evangelização, coloquemos o dia de hoje em intenção às vocações leigas, religiosas e presbiterais. Para isso invoquemos a Trindade. Em nome do Pai...

Rezando com a Palavra

Preparemo-nos para acolher a Palavra de Deus, murmurando: FALA, QUE TEU SERVO ESCUTA! (1 Samuel 3,10).

Vamos ler e meditar os textos:
- **Primeiro Testamento:** 1 Samuel 3,1-10 (Vocação de Samuel)
- **Salmo 111(110)** (Louvor a Deus por suas obras)
- **Segundo Testamento:** Mateus 9,35-38 (Necessidade de operários)

APROFUNDANDO A FÉ COM A VIDA

A vocação de Samuel mostra-nos o chamado de Deus, a orientação madura do líder religioso, a abertura através da pergunta e a resposta ao chamado pelo servo. Ainda, neste texto, podemos reconhecer que a escuta faz parte da missão de quem responde ao chamado do Senhor.

> • *O que podemos aprender com a narrativa de Samuel? (pausa)*

O salmista dá graças a Deus por suas obras, justiça, misericórdia e clemência. Provoca o ser humano a reconhecer a herança recebida.

> • *O que entendemos por dar graças ao Senhor "no conselho dos justos e na assembleia"? (pausa)*

A comunidade precisa assumir a preocupação em levar o Evangelho, consciente da necessidade de trabalhadores disponíveis. Para isso é necessária a oração a Deus pedindo pessoas dispostas a continuar a obra de Jesus. A missão dos discípulos de evangelizar o povo só se concretiza com a participação deste no acolhimento da Palavra anunciada e transformada em ação concreta na realização do Reino em nosso meio.

> • *Qual a realidade dos ministérios em nossa comunidade? (pausa)*
> • *Qual é o meu comprometimento com a missão de Jesus para realizar o que Deus deseja de bom a seus filhos e filhas? (pausa)*
> • *De que maneira a Palavra em minha boca torna-se motivação para que as pessoas próximas de mim assumam a sua vocação? (pausa)*

REZANDO A VIDA

Que ninguém se sinta excluído ou dispensado de participar de um verdadeiro mutirão vocacional. "A colheita é grande, mas os trabalhadores são poucos." Conscientes da importância do serviço profético na comunidade. Peçamos ao Senhor que mande trabalhadores para a sua colheita, rezando:

Senhor da messe, faz ressoar em nossas comunidades o teu convite: vem e segue-me!

Desperta as nossas comunidades para o teu seguimento.

Ensina-nos a colocar a nossa vida a serviço do teu Reino, atuando como leigo(a), consagrado(a) ou religiosa(o), despertando-nos para o ministério pastoral de tua Igreja.

Ajuda-nos a crescer no seu amor para fazer ecoar os teus ensinamentos pelos séculos. Amém.

AVALIANDO A EXPERIÊNCIA

• *Como posso colaborar na formação dos vocacionados leigos, religiosos e presbíteros (sacerdotes)?*

TESTEMUNHANDO A FÉ COM A VIDA

Observar o que a paróquia e a diocese estão fazendo para animar mais as vocações e identificar qual pode ser a minha contribuição.

Oração Final

Ó Pai querido, vós organizais a vossa Igreja, para que mais eficazmente cumpra a sua missão de educadora na fé e sacramento de salvação. Fazei que os presbíteros e religiosos continuem sua missão de organizar e motivar todas as pastorais, movimentos e serviços na unidade da Palavra. **Amém.**

Bênção

Abençoai-nos, Senhor, para que continuemos o compromisso de discípulo missionário na família, na paróquia e na sociedade, por Cristo, Nosso Senhor. **Amém.** Que o Deus uno e trino ilumine a caminhada de discípulo missionário, em nome do Pai, do Filho e do Espírito Santo. **Amém.**

PARA SUAS ANOTAÇÕES

Ser cristão no mundo

ACOLHIDA

Querido discípulo missionário de Jesus! A comunidade precisa assumir a preocupação em levar o Evangelho, consciente da necessidade de trabalhadores disponíveis. Para isso é necessária a oração a Deus pedindo pessoas dispostas a continuar a obra de Jesus, e investimento nas necessidades básicas de vocacionados. Sobre estas necessidades na experiência anterior foi motivado a identificar qual poderia ser a sua contribuição em animar as vocações. A que conclusões chegou? O que identificou que pode fazer? (partilha)

As experiências vividas à luz da Palavra de Deus nos apresentaram comunidades que viveram o Evangelho de Jesus Cristo, que é o caminho de todos aqueles que optam pelo seguimento. A partir desta experiência fica mais claro entendermos se estamos procurando uma religião, uma igreja ou se queremos ser realmente cristãos.

O verdadeiro culto a Deus é a prática da justiça. Uma das exigências para ter vida em abundância é a vida em comunidade. Vamos nos acolher mutuamente como família cristã. Iniciemos esta experiência em nome do Pai, do Filho e do Espírito Santo. **Amém.**

REZANDO COM A PALAVRA

Preparemo-nos para acolher a Palavra de Deus expressando nossa crença em Deus repetindo o versículo por três vezes:

FALOU-NOS PELO FILHO QUE CONSTITUIU HERDEIRO DE TUDO (Hebreus 1,2).

Vamos ler e meditar os textos:
• **Primeiro Testamento:** Isaías 58,6-7 (Piedade aparente)
• **Salmo 8** (Hino ao Criador do homem)
• **Segundo Testamento:** Hebreus 1,1-2 (Deus nos fala pelo seu filho)

A PROFUNDANDO A FÉ COM A VIDA

Em Isaías constatamos que Deus deseja a prática do direito e da justiça. No entanto, há quem se coloca praticante desse desejo de Deus, mas efetivamente não é comprometido. Deus prefere atitude interna, em especial ações sociais e comunitárias, como soltar as algemas injustas, soltar as amarras, dar liberdade aos oprimidos e acabar com qualquer escravidão. Repartir o pão, acolher em casa os pobres, vestir alguém sem roupa e ajudar o semelhante.

> • *Quem procede assim pode contar com Deus? Por quê? (pausa)*
> • *Para você o que envolve a solidariedade junto aos oprimidos? Como ela pode ser expressão do desejo de Deus? (pausa)*

O salmista contempla na natureza a grandeza de Deus, que fez o homem um pouco inferior a um ser divino, e permitiu o domínio sobre as obras de Deus. E louva a Deus pela soberania sobre a terra.

> • *Como me reconheço na criação enquanto imagem e semelhança de Deus? (pausa)*
> • *Qual é o meu comprometimento com a criação? (pausa)*

Em Hebreus, Deus falou a nossos pais pelos profetas. Nos últimos dias, falou-nos pelo Filho que constituiu herdeiro de tudo, por quem criou também o mundo. Nele nos revela sua expressão definitiva de salvação da humanidade, palavra viva de Deus no meio de nós. A vinda de Cristo inaugura a intervenção definitiva de Deus na história.

> • *Como reconheço ao meu redor a ação salvífica de Deus por intermédio de Jesus? (pausa)*
> • *Quem é Jesus para mim? O que representa na minha vida sua mensagem? (pausa)*

REZANDO A VIDA

Neste momento vamos pedir a Deus que nos faça solidários(as) com as pessoas sofredoras de hoje. Somos convidados a ser igreja no mundo como Jesus Cristo...

Façamos espontaneamente nossas preces e a cada expressão repetir: **Senhor, ouvi-nos!**

AVALIANDO A EXPERIÊNCIA

O que falta em mim para crescer mais na prática da caridade? Como posso ser cristão no mundo?

TESTEMUNHANDO A FÉ COM A VIDA

Como proposta de mudança de vida reservemos durante a semana alguns momentos para revisão de vida.

ORAÇÃO FINAL

Para que a Palavra de Deus possa produzir frutos de vida exortemos o poder de Deus rezando "Glória a Deus nas alturas e paz na terra aos homens por Ele amados. Senhor Deus, rei dos céus, Deus Pai todo-poderoso: nós vos louvamos, nós vos bendizemos, nós vos adoramos, nós vos glorificamos, nós vos damos graças por vossa imensa glória. Senhor Jesus Cristo, Filho Unigênito, Senhor Deus, cordeiro de Deus, Filho de Deus Pai. Vós que tirais o pecado do mundo, tende piedade de nós. Vós que tirais o pecado do mundo, acolhei a nossa súplica. Vós que estais à direita do Pai, tende piedade de nós. Só Vós sois o Santo, só Vós o Senhor, só Vós o Altíssimo, Jesus Cristo, com o Espírito Santo, na glória de Deus Pai. **Amém**".

Rezar o Salmo 8.

Bênção

Deus nos dê a coragem de ser cristão no mundo. **Amém.**
Deus, que é pai e mãe, nos abençoe hoje e sempre. **Amém.**
Que o Deus uno e trino ilumine a caminhada de discípulo missionário, em nome do Pai, do Filho e do Espírito Santo. **Amém.**

PARA SUAS ANOTAÇÕES

A ação pastoral

Acolhida

Querido discípulo missionário de Jesus! A opção por ser cristão no mundo exige de cada um de nós aceitar o convite a ser Igreja como Jesus Cristo. O que tem a dizer sobre a proposta da experiência anterior: conseguiu reservar durante a semana momentos para revisão de vida? Sentiu alguma mudança de vida? (pausa) Como está se sentindo? Em que estes momentos o(a) ajudam a viver melhor? (partilha)

Hoje somos convidados a compreender melhor a missão de ser Igreja, que é ser testemunho vivo, pela palavra, pela comunhão e pela ação, do grande amor de Deus revelado em Jesus Cristo.

Invoquemos a presença do Deus Trindade, para que nos ilumine a compreender o chamado e podermos assumir nosso discipulado como membros da Igreja, dizendo:

"Vinde, Espírito Santo, enchei os corações dos vossos fiéis e acendei neles o fogo do vosso amor. Enviai o vosso Espírito e tudo será criado. E renovareis a face da terra".

Oremos: Deus...

Rezando com a Palavra

Preparemo-nos para acolher a Palavra de Deus, expressando nossa confiança no Senhor, repetindo seguidamente em forma de mantra o versículo NÃO TENHAS MEDO, POIS EU ESTOU CONTIGO (Isaías 43,5).

Vamos ler e meditar os textos:
• **Primeiro Testamento:** Isaías 43,1-5 (Aliado fiel)
• **Salmo 131(130)** (Confiança filial)
• **Segundo Testamento:** Mateus 7,24-27 (Os dois fundamentos)

A PROFUNDANDO A FÉ COM A VIDA

Deus fez uma aliança com seu povo, confia nele, está disposto a acompanhá-lo e garante estar sempre junto para assisti-lo em suas necessidades e mantê-lo reunido.

> • *Quando reconheço a presença do Senhor a me acompanhar?* (pausa)
> • *O que posso dizer ao Senhor depois de reler o texto de Isaías?* (pausa)

O Salmo expressa confiança e maturidade da fé, o que faz com que o homem se reconcilie consigo mesmo, com o próximo e com Deus. Nele identificamos o que é essencial a um líder que deseja realmente servir: não desejar aquilo que o exalte, mas sentir-se seguro pelo apoio e segurança do amor do Senhor.

> • *Quais são as pretensões do meu coração?* (pausa)
> • *Sinto-me feliz mesmo quando não sou reconhecido pelo que faço?* (pausa)

A construção da casa sobre a rocha é viver a proposta de justiça, conforme o Reino de Deus. A construção de uma casa sobre a areia é ficar somente na teoria, sem passar para a prática.

A ação pastoral é o serviço da comunidade eclesial para ajudar a fortalecer os fiéis na fé, na esperança e na caridade. O fiel adulto vai crescendo na fé e se atualizando continuamente com a reflexão da Igreja. A ação pastoral é uma formação permanente no seio da comunidade cristã.

A ação pastoral envolve o serviço aos necessitados, o diálogo com o mundo, a denúncia profética, a dimensão celebrativa, a participação na comunidade, o estudo da fé e a espiritualidade. O Evangelho nos ajuda a compreender que, para tornar nossa ação pastoral eficaz, não basta ouvir e admirar os ensinamentos de Jesus; é preciso, após escutá-lo, assumir uma opção: construir nossas vidas fundamentando-se na vontade de Deus, que Jesus nos apresentou para descobrir a felicidade.

> • *O que tenho a dizer a Deus sobre minha opção?* (pausa)
> • *Como é o meu modo de escutar a Palavra?* (pausa)

Rezando a vida

Deus não dispensa a nossa colaboração, por isso nos chama e nos envia. Ofereçamos o melhor de nós mesmos na ação pastoral, para que o primeiro anúncio (querigma) chegue a todas as pessoas.

Senhor, acompanha-nos em nosso discipulado, para que possamos construir a casa sobre rocha, tendo diante dos olhos e no coração os teus ensinamentos para colocar em prática o fraterno amor. **Amém.**

Avaliando a experiência

- *Como foi a experiência vivida neste período, tanto pessoalmente como no grupo?*
- *Como a experiência de hoje contribuiu para complementar esse tempo de escuta e partilha da Palavra?*

Testemunhando a fé com a vida

Depois de vividas estas experiências em comunidade, procuremos nos engajar em uma pastoral, movimento ou serviço, que nos ajude a crescer nesta caminhada de fé e onde possamos disponibilizar nossos dons a serviço do próximo e da comunidade.

Identifiquemos as pastorais existentes em nossa comunidade e analisemos com qual nos identificamos na nossa caminhada de Igreja.

O nosso batismo, sendo o ato litúrgico de iniciação ao cristianismo, é também um ato pelo qual somos incorporados e configurados a Jesus Cristo. (Para aprofundamento, ler 1 Coríntios 11,23-26.)

ORAÇÃO FINAL

Senhor, Pai amoroso, ajudai a descobrir os valores do vosso Reino. Percebemos que a verdadeira felicidade está em amar-vos e servir-vos no próximo, proporcionando o bem a todos. Como expressão de nosso compromisso proclamemos o símbolo de nossa fé:

Creio em Deus Pai...

Pedimos por Jesus Cristo, Nosso Senhor, na Unidade do Espírito Santo. **Amém.**

BÊNÇÃO

Que o Deus uno e trino nos guie pelos caminhos da paz e do bem. Que o seu Santo Espírito nos acompanhe em nossas atividades profissionais, familiares e pastorais, iluminando a nossa caminhada de discípulo missionário, em nome do Pai, do Filho e do Espírito Santo. **Amém.**

PARA SUAS ANOTAÇÕES

_____

_____

_____

_____

_____

_____

_____

O discípulo missionário

ACOLHIDA

Querido discípulo missionário de Jesus! A partir da proposta da experiência anterior você saberia dizer quais são as pastorais existentes na sua comunidade? Com qual pastoral, movimento ou serviço você se identificou? As reflexões contribuem para perceber que o engajamento em uma pastoral nos ajuda a continuar crescendo na caminhada de fé, a aprofundar a espiritualidade e disponibilizar os dons a serviço do próximo e da comunidade.

Peçamos a Deus que esta experiência nos oriente ao entendimento do discipulado de Jesus Cristo, fortaleça a nossa fé e abra o nosso coração para a missionariedade nesta mudança de época.

Neste dia celebrativo, invoquemos o Deus Trindade cantando: Em nome do Pai...

REZANDO COM A PALAVRA

Preparemo-nos para acolher a Palavra de Deus, repetindo seguidamente em forma de mantra o versículo:

O SENHOR É MEU PASTOR: NADA ME FALTA (Salmo 23,1).

Vamos ler e meditar os textos:
• **Primeiro Testamento:** Ezequiel 34,11-12.15-17 (Eu mesmo cuidarei do meu rebanho)
• **Salmo 23(22),1-6** (O bom pastor)
• **Segundo Testamento:** Mateus 25,31-46 (O amor que salva)

APROFUNDANDO A FÉ COM A VIDA

O povo pode reconhecer que a verdadeira autoridade é o próprio Deus, que projeta liberdade e vida para todos. Deus se revela o Rei-Pastor que vai ao encontro das ovelhas dispersas por causa da negligência dos líderes do povo. Deus recolhe sob o seu cuidado. Deus enviará um pastor conforme seu coração.

> • *Deus dispensa a cada um o tratamento necessário para a sua cura e integridade? (pausa)*
> • *Como se sente diante do cuidado de Deus? (pausa)*

O Salmo expressa confiança e exprime a experiência pessoal de segurança e acolhimento na relação com Deus. A intensa experiência converte-se em esperança e desejo para toda a vida.

> • *Mesmo nas dificuldades reconhece a presença de Deus em sua vida? (pausa)*
> • *Como analisa o seu relacionamento com Deus? (pausa)*

Fé significa reconhecimento e compromisso com a pessoa de Jesus. De acordo com o texto bíblico, o critério do juízo é o amor testemunhado. Onde está Jesus? (pausa) Está presente no pobre e oprimido, marginalizado por uma sociedade baseada na riqueza e no poder. Como encontrar Deus nos pequeninos? (pausa) Jesus se identifica com diversas categorias de pessoas sofredoras. O amor a Jesus é sinônimo de amor a cada pessoa com necessidade.

> • *É possível colocar em prática o amor a Jesus? (pausa)*
> • *Será que as pessoas se reconhecem herdeiras do reino e comprometidas em dar continuidade à ação acolhedora e evangelizadora de Jesus?*

REZANDO A VIDA

O discípulo apaixonado quer falar aos outros da sua experiência. Ao reconhecer a importância da evangelização o discípulo se torna missionário naturalmente, e quer anunciar a boa notícia àqueles que ainda não tiveram a mesma oportunidade.

A partir das experiências e olhando para a nossa história de vida, reflitamos que ação concreta gostaríamos de assumir perante o grupo e a expressemos partilhando em forma de oração.

Após cada partilha digamos: **Guia-me, Senhor, pelo caminho da justiça!**

AVALIANDO A EXPERIÊNCIA

* *Como podemos ser presença do Bom Pastor nos ambientes em que vivemos, especialmente em nossa comunidade?*
* *Como a experiência de hoje pode nos motivar ao trabalho missionário nesta mudança de época?*

TESTEMUNHANDO A FÉ COM A VIDA

A nossa Igreja é ministerial e, portanto, valoriza os diversos ministérios e serviços. Isto faz com que possamos testemunhar os valores do Evangelho inserindo-se no mundo da política, da arte, da ciência, das redes sociais, dos meios de comunicação, valorizando a vocação do leigo, exercendo um "voluntariado jovem" e ocupando novos espaços de discussão, "novos areópagos", ou seja, assembleia ou corte de justiça augusta, imparcial e soberana, para debater uma sociedade mais fraterna, justa e solidária. No entanto, para isso é preciso reconhecer que nosso testemunho acontece num momento em que vivemos uma mudança de época, que exige de nossa parte perseverança e, também, respeito ao tempo, cultura e maturidade das pessoas. Nesse mundo você é chamado por Deus a oferecer a sua contribuição como discípulo missionário, sendo coerente com a sua fé para promover ações transformadoras.

ORAÇÃO FINAL

Senhor Deus, agradecemos a oportunidade que tivemos neste período de experiências vividas à Luz da Palavra, mostra-nos o caminho e fortalecei a nossa fé para que sejamos discípulos missionários nos ambientes da nossa convivência. **Amém.**

BÊNÇÃO

Que o Deus uno e trino ilumine e abençoe a nossa caminhada de discípulo missionário. **Amém.** Que a Palavra de Deus sempre oriente a nossa caminhada. **Amém.** Que a Sagrada Eucaristia de Jesus seja sempre alimento para nossa alma. Amém. Que o Espírito de Deus seja uma força constante no nosso trabalho. **Amém.** Em nome do Pai, do Filho e do Espírito Santo. **Amém.**

PARA SUAS ANOTAÇÕES

Celebrações e entregas

O processo iniciático é função primordial da Igreja e sua responsabilidade é de toda a comunidade cristã, que acolhe "as sementes da Palavra" presentes nas pessoas e nas culturas, motiva a formação permanente e a maturidade na fé, vinculadas a ritos, símbolos e sinais.

Celebrar é parte da vida humana e sua função é comemorar ou fazer memória de um acontecimento da vida em comunhão com os irmãos, com a família ou com a comunidade. Ao participar das celebrações a fé do cristão é impulsionada pela graça divina e cultivada pela ação da Igreja, que experimenta um processo de amadurecimento. Por isso, as celebrações no decorrer do itinerário contribuem como marcos para que introdutores, catequistas e presbíteros, refletindo junto com os iniciandos, examinem as condições de cada um em vivenciar a etapa que marca a passagem para o tempo seguinte" (Estudos da CNBB 97, n. 72).

As celebrações realizadas no processo iniciático marcam momentos do aprofundamento, de vivência comunitária e de experiência no mistério da Páscoa de Cristo. Para isso, algumas das celebrações incluem "entregas" que são os compromissos assumidos na mudança de vida pessoal e comunitária.

A celebração na vivência cristã é a porta que se abre para a catequese mistagógica, que aprofunda a educação para a vivência do mistério.

3.1 Celebração de acolhida na turma de catequese

(Entrega da Palavra de Deus e do manual da catequese. Esta celebração é realizada no tempo de acolhimento pela comunidade cristã, quando ocorrem as inscrições, entrevistas, colóquio com o catequista.)

Canto de entrada
1 Acolhida

Quem preside: Queridos(as) discípulos(as) sejam bem-vindos/as a este grupo em que você vai fazer o processo de iniciação à vida cristã. É necessário que disponha de um tempo e da ajuda de pessoas que estejam ao seu lado refletindo as experiências de Deus em Jesus Cristo. Por isso a comunidade através de catequistas vai caminhar com você durante o seu aprofundamento de fé com a vida. Espero que esteja disposto(a) a participar conosco neste grupo para aprofundar as experiências e amar mais a Jesus Cristo.

Canto de acolhida

Quem preside: Estamos reunidos em nome do Pai e do Filho e do Espírito Santo. Amém. (pode ser cantado)

2 Rito de entrega da Palavra

Com.: Vamos acolher neste momento as bíblias que serão entregues aos candidatos a participarem das experiências catequéticas de evangelização. (Entrada das bíblias em procissão. Esse ritual é feito antes da leitura da Palavra de Deus. Quem preside convida os candidatos a virem à frente e entrega-lhes a Bíblia, um por um.)

Canto de acolhida da Palavra de Deus

(Quem preside motiva para a entrega da Palavra.)

Quem preside: Receba o livro da Palavra de Deus, para que seja lâmpada para sua vida.

Candidato: Amém!

(Ao receber a Bíblia cada candidato a recebe e retorna ao seu lugar, mantendo o Livro Sagrado levantado.)

Quem preside: A Palavra de Deus deve ser gravada em nossos corações. Os ensinamentos nos ajudam a viver o Novo Mandamento e nos mostram o perdão pelas injustiças e injúrias cometidas, levando-nos à conversão do pecado.

Catequista: A Palavra de Deus nos ajuda viver e testemunhar a missão de discípulos(as) missionários(as). Ouçamos o que ela nos diz através do texto.

Canto de aclamação

3 Leitura
Atos 2,42-47

4 Reflexão da Palavra de Deus
De quem preside, ou partilhada com a assembleia. (Não se estender por mais de 10 minutos.)

O que mais nos chamou a atenção neste texto lido?

Destacar os pontos-chave. ("Assíduos aos ensinamentos dos apóstolos, à comunhão fraterna, à fração do pão e as orações".)

A comunidade se reunia para partir o pão e rezar em comum e aconteciam muitos sinais, os que tinham fé procuravam viver unidos, e tudo o que possuíam colocavam em comum, mesmo suas propriedades vendiam e repartiam entre todos. Reuniam-se todos os dias para partir o pão e louvar a Deus.

5 Entrega do manual
(Ornamentação. Os manuais são posicionados próximo ao altar.)

Quem preside (entrega do manual a cada catequizando e diz): Receba o manual "Experiências de Deus em Jesus Cristo", para que seja instrumento de trabalho no aprofundamento da fé com a vida.

Candidato: Farei do manual um instrumento para me aproximar da Palavra e de Jesus Cristo.

6 Rito de louvor ou ação de graças

7 Preces da assembleia
Quem preside (motivação para as preces)

1) Pelos nossos irmãos e irmãs que hoje receberam a Bíblia e o manual que contêm as experiências que iremos vivenciar durante a caminhada que faremos juntos. Rezemos ao Senhor.

Todos: Acolhei a nossa prece.

2) Para que sejamos assíduos e perseverantes a exemplo dos primeiros cristãos na comunhão fraterna, na fração do pão, e nas orações. Rezemos ao Senhor.

Todos: Acolhei a nossa prece.

(Preces espontâneas.)

8 Louvor

Quem preside: Louvemos a Deus pela vida de cada um de nós, por participar desta Igreja e fazermos parte desta comunidade cristã.

Rezemos o Salmo 80,9-12 em dois coros:

9 Pai-nosso

(Quem preside motiva espontaneamente o Pai-nosso.)

Todos: Pai nosso que estais nos céus, santificado seja o vosso nome...

(Quem preside motiva a oração pela paz e o abraço da paz.)

10 Rito final

(Concluir a celebração com algumas orientações sobre a catequese na comunidade, um canto e a bênção espontânea...)

Quem preside: Estivemos reunidos em Nome do Pai e do Filho e do Espírito Santo.

Todos: Amém.

Canto final

(escolher)

3.2 Celebração da entrada na catequese (durante a missa)

(Esta celebração é realizada no início do aprofundamento, das reflexões, da catequese, entrosamento com a Igreja.)

1 Acolhida (à porta da igreja)

Saudação. No dia de hoje queremos acolher todos os que iniciarão a sua participação nas experiências catequéticas. A cada um(a) desejamos manifestar a alegria e a esperança da Igreja no processo de formação de discípulos missionários, convidando-os a se aproximarem do meio da igreja para que nossa comunidade os conheça.

Chamada pelo nome

Queridos catequizandos/candidatos, neste momento cada um de vocês será chamado e ao ouvir seu nome pedimos que levante seu braço direito e responda: Eis-me aqui, Senhor!

(Chamar os candidatos pelo nome.)

1.1 Diálogo inicial

Quem preside: O que cada um de vocês pede à Igreja de Deus?

Candidato: A experiência de fé em Jesus Cristo.

Quem preside: Cada um de vocês quer fazer a experiência de fé em Jesus Cristo, tornar-se seu discípulo e testemunha?

Candidato: Sim, quero.

Quem preside: Que grande alegria poder conhecer o verdadeiro Deus em Jesus Cristo que foi enviado como nosso Salvador e Senhor! Se você quer mesmo ser discípulo de Jesus Cristo e sua testemunha é necessário que tome conhecimento das verdades reveladas por Jesus, faça a experiência de fé com a vida, e viva conforme seu Evangelho, amando a si mesmo, ao próximo e a Deus. Cada um de vocês está de acordo com isso?

Candidato: Sim, estou.

Quem preside: Vocês, catequistas e coordenadores da catequese, que nos apresentam estes candidatos, e vocês, nossos irmãos e irmãs aqui presentes, estão dispostos a ajudar estes candidatos a fazerem as experiências em Jesus Cristo?

Catequistas e comunidade: Sim, estamos.

Quem preside: Pai de bondade, / nós vos agradecemos por estes vossos servos e servas, / que de muitos modos inspirastes e atraístes. / Eles vos procuraram, e responderam na presença desta santa assembleia ao chamado que hoje lhes dirigistes. / Por isso, Senhor Deus, nós vos louvamos e bendizemos.

Todos: Bendito seja Deus para sempre.

2 Entrega da cruz ou símbolo local

Quem preside: Jesus Cristo chamou cada um de vocês para serem seus discípulos e testemunhas. Para isso é necessário que sejam fiéis a Jesus que os chamou e perseverantes na caminhada! (pausa) O sinal da cruz de Nosso Senhor Jesus Cristo é o sinal distintivo dos cristãos. Vou marcar cada um de vocês com o sinal da cruz. Cada vez que rezarem e fizerem o sinal da cruz lembrem-se de Jesus Cristo e de seu amor por cada um de vocês!

(Quem preside estende as mãos sobre os candidatos, reunidos em círculo, e continua:)

Quem preside: Receba nos ouvidos o sinal da cruz, para que cada um de vocês ouça a voz do Senhor. Receba nos olhos o sinal da cruz, para que cada um de vocês veja a glória de Deus. Receba na boca o sinal da cruz, para que cada um de vocês responda à Palavra de Deus.

(Quem preside traça com o polegar o sinal da cruz nos ouvidos, nos olhos e na boca de cada candidato.)

Quem preside: Receba, agora, como recordação deste momento, o crucifixo. Que Nosso Senhor Jesus habite pela fé em seus corações!

Candidato: Amém!

Quem preside: Irmãos e irmãs candidatos, aproximem-se, agora, para participar conosco na Mesa da Palavra de Deus, raiz da história do povo de Deus.

(A assembleia reunida acolhe os candidatos com uma calorosa salva de palmas. Depois, todos entoam o cântico alusivo à cruz. Pode ser: *No peito eu levo uma cruz...* Deixar a Mesa da Palavra em destaque.)

3 Liturgia da Palavra

(O Livro das Sagradas Escrituras é trazido em procissão, colocado respeitosamente na Mesa da Palavra. Segue-se a celebração da Palavra de Deus.)

4 Oração dos fiéis

(A cada invocação, todos oram: "Senhor, atendei a nossa prece".)

Quem preside: Rezemos pelos nossos candidatos, para que o Senhor os ajude em sua caminhada de fé com a vida a descobrirem o projeto de Deus.

Leitor: Senhor, ajudai estes nossos irmãos e irmãs a perseverarem na caminhada, com fidelidade e generosidade. Rezemos.

Leitor: Senhor, iluminai e sustentai os catequistas a quem foi confiada a responsabilidade de animar a iniciação à vida cristã destes candidatos. Rezemos.

Leitor: Senhor, que esta comunidade, unida na oração e na prática da caridade, seja exemplo de iniciação à vida cristã. Rezemos.

(Outras intenções pelas necessidades da Igreja, do mundo e da comunidade, conforme o costume.)

Quem preside: Ó Deus, Pai misericordioso, atendei as nossas preces e, de modo especial, olhai com bondade estes candidatos, vossos servos e servas, para que sejam perseverantes e dedicados ao vosso serviço. Por Cristo, nosso Senhor.

Todos: Amém!

5 Rito da Unção

(Antes da bênção final os candidatos são novamente convidados a se aproximar do altar. Quem preside faz uma breve explicação sobre o significado do óleo dos catecúmenos. Depois, apresentando o recipiente com o óleo, reza solenemente.)

Quem preside: Bendito sejais Vós, Senhor Deus, porque criastes a oliveira, cujos ramos anunciaram o fim do dilúvio e o surgimento de uma nova humanidade.

Todos: Bendito seja Deus para sempre!

Quem preside: Bendito sejais Vós, Senhor Deus, porque por meio do óleo, fruto da oliveira, fortaleceis vosso povo para o combate na fé.

Todos: Bendito seja Deus para sempre!

(Com as mãos estendidas sobre os candidatos, e convidando a assembleia a fazer o mesmo, quem preside continua:)

Quem preside: Ó Deus, proteção de vosso povo, que fizestes do óleo, vossa criatura, um sinal de fortaleza, concedei a estes candidatos a força, a sabedoria e as virtudes divinas, para que sigam o caminho do Evangelho de Jesus e se tornem generosos no serviço do Reino. Por Cristo, nosso Senhor.

Todos: Amém!

Quem preside: Jesus Cristo, nosso Salvador, lhes dê a força simbolizada por este óleo da salvação. Com ele os ungimos no mesmo Cristo, nosso Senhor, que vive e reina para sempre.

Candidatos: Amém!

(Quem preside unge cada candidato no peito, em forma de cruz.)

6 Bênção solene e despedida dos candidatos

(Os candidatos são convidados a vir à frente e a se ajoelhar diante do altar. Quem preside e a assembleia estende as mãos sobre eles. Pode-se usar uma das bênçãos solenes do Missal, ou outra. Depois, em nome da comunidade, a equipe do acolhimento poderá dar uma singela lembrança desta solene entrada. No final, organize-se uma pequena confraternização para comemorar o evento etc.)

3.3 Celebração da eleição ou inscrição do nome

(Esta celebração é realizada no tempo de preparação para o recebimento dos sacramentos.)

1 Apresentação e exame dos candidatos (após a homilia)

Catequista: *Neste momento queremos chamar os candidatos que irão receber os sacramentos. Ao ouvir seu nome pedimos que erga seu braço direito e diga em voz alta as palavras do jovem Samuel: Senhor, Tu me chamaste. Aqui estou!* (cf. 1Samuel 3,1-10.)

(O catequista chama cada candidato pelo nome, começando por aqueles que devem ser batizados.)

Candidato: "Senhor, Tu me chamaste. Aqui estou!"

Catequista: Padre (nome do sacerdote), os candidatos aqui presentes participaram das experiências oferecidas pela comunidade e, confiantes na graça de Deus e na oração da comunidade, pedem que lhes seja permitido participar dos sacramentos da iniciação à vida cristã (citar o sacramento se for o caso).

Quem preside: Aproximem-se os que vão ser eleitos, seus padrinhos e madrinhas, os dirigentes e os catequistas.

(Todos ficam em frente ao altar; os padrinhos, atrás dos afilhados. Quem preside cumprimenta cada um e prossegue:)

Quem preside: A santa Igreja de Deus quer certificar-se de que os candidatos estejam realmente conscientes da importância dos sacramentos da iniciação à vida cristã; portanto, peço aos catequistas, aos padrinhos e à assembleia que deem testemunho a respeito da conduta deles.

Caro(s) catequista(s), estes candidatos participaram fielmente da caminhada espiritual e de tudo o que lhes foi proposto?

Dirigentes e catequistas: Sim, participaram.

Quem preside: Padrinhos e madrinhas, seus afilhados estão vivendo na presença de Deus de acordo com os ensinamentos de Jesus Cristo?

Padrinhos e madrinhas: Sim, estão.

Quem preside: Irmãos e irmãs reunidos nesta santa assembleia, estes candidatos participam da vida e da oração da comunidade?

Assembleia: Sim, participam.

Quem preside: Agora me dirijo a vocês, queridos candidatos. Seus padrinhos, seus catequistas e a comunidade deram testemunho favorável a cada um de vocês. E vocês, querem ser iniciados na vida cristã pelos sacramentos?

Candidato: Sim, queremos.

Quem preside: Querem prosseguir fiéis à santa Igreja, continuando o aprofundamento da fé e participando da vida da comunidade?

Candidato: Sim, quero.

2 Eleição

(Quem preside estende as mãos sobre os candidatos e diz solenemente:)

Quem preside: Declaro vocês eleitos para serem iniciados nos sagrados mistérios no dia... (anunciar a data).

(Mencionando os nomes dos candidatos que serão batizados e receberão a Eucaristia.)

Quem preside: (nomes) serão batizados e receberão a Eucaristia. (nomes), já batizados na infância, receberão a Eucaristia.

Todos: Graças a Deus!

(Quem preside convida a assembleia a parabenizar os eleitos com uma calorosa salva de palmas.)

Quem preside: Deus é sempre fiel e nunca lhes negará a sua ajuda. Sejam sempre fiéis a Ele, que os chamou. E vocês, padrinhos e madrinhas, acompanhem estes eleitos com sua amizade e com seu exemplo.

(Quem preside cumprimenta cada eleito e convida os padrinhos e as madrinhas a darem um abraço em seus afilhados.)

3 Oração pelos eleitos

(Na Oração dos fiéis reza-se de modo especial pelos eleitos. Pode-se utilizar algumas preces no RICA, n. 148, ou outras semelhantes.)

4 Bênção e despedida dos eleitos

(Na hora dos avisos, quem preside convida os eleitos para que fiquem em volta do altar, cumprimenta-os com carinho e lhes dirige as palavras a seguir ou outras semelhantes. Depois dá a bênção final a eles e a toda a assembleia.)

Quem preside: Caros eleitos, mais uma vez parabéns pela sua eleição! Hoje cada um de vocês está iniciando, com toda a Igreja, um tempo santo de preparação. Cada um de vocês vai receber os sacramentos da iniciação à vida cristã. Que esse tempo sagrado seja para vocês, como para todos nós, um tempo forte de oração, de renúncia e de caridade.

(Quem preside dá uma bênção solene.)

3.4 CELEBRAÇÃO ESPECIAL DE ENTREGAS

(Estas entregas podem ser realizadas em momentos especiais vividos no decorrer das experiências catequéticas, antes dos encontros que abordem as entregas ou em retiros promovidos e organizados pela equipe de catequese.)

Rito inicial
1 Canto de entrada
2 Acolhida
(O catequista dá as boas-vindas a todos e inicia a celebração com o sinal da cruz.)
3 Ato penitencial
(Preparado pela equipe de liturgia, ou espontâneo do catequista.)
4 Oração do dia (própria do dia)
(Pode ser precedida por motivações ou preces espontâneas.)

Rito da Palavra
5 Leituras
(Leitura(s), Salmo e Evangelho próprios do dia (ou escolhidos para a circunstância).)
6 Reflexão
(Do catequista, ou partilhada com a assembleia. Sugere-se não se estender por mais de 10 minutos.)
7 Entrega do Símbolo Apostólico
(O catequista chama os candidatos pelo nome e eles respondem:)

Candidato: "Eis-me aqui, Senhor" (e fica em pé).

Catequista (voltado ao catequizando diz): Em nome da Igreja entrego-lhe o resumo da nossa fé, o Creio (Romanos 6,3-11 ou Tiago 2,14-24).

Reflexão: Todas as celebrações dominicais e festivas da Igreja convidam os fiéis a professarem a fé, assim cada cristão aprofunda o conteúdo da fé. Sendo a fé professada e celebrada pela Igreja como o caminho de vida cristã, interligada à vida pessoal e comunitária.

Todos: "Creio, Senhor, mas aumentai a minha fé" (cantado ou rezado).

RITO DE LOUVOR

8 Preces da assembleia

(Preparadas pela equipe de liturgia, catequese ou espontâneas da assembleia.)

9 Louvor

(Nesse momento pode haver motivos espontâneos de louvor. O momento do louvor pode realizar-se por meio de salmos, hinos, cânticos, ladainhas... ou como a seguir. O ministro reza:)

Min: Deus todo-poderoso, Pai, Filho e Espírito Santo. Nós vos glorificamos e vos rendemos graças porque, neste mundo de morte, nos destes vosso reino. Por ele, vossa palavra de vida é anunciada ao povo reunido. Dai à vossa Igreja, pelo auxílio de vossa graça, a coragem de professar a fé sem temor e dar testemunho de reconhecimento de vosso amor sem limites. Conservai-nos no bom caminho para que, no meio de tantas dificuldades, não caiamos no desespero nem na exaltação. Amém.

(A seguir a assembleia canta a louvação para o Tempo Comum.)

É bom cantar um bendito, é bom cantar, é bom cantar um louvor, aleluia.

1) Ao Pai dos céus demos glória pelo Senhor da história!

2) O Pai seu Filho envia, Jesus pra nós já chegou!

3) Por nós Jesus deu a vida, da escravidão nos livrou!

4) Ressuscitado, Jesus subiu ao reino da luz!

5) Do Pai nos manda o Espírito, os fracos reanimou!

6) Por esta força investida, suas testemunhas mandou!

7) De Deus os missionários têm muitos destinatários!

Rito da entrega da Oração do Senhor

10 Entrega da Oração do Senhor

Catequista: Vocês acabaram de receber o Creio, e irão receber neste momento o Pai-nosso.

Catequista (voltado aos catequizandos diz): A Igreja entrega-lhes o segundo documento da fé cristã, o Pai-nosso. Vamos ouvi-lo com atenção como o Senhor ensinou os seus discípulos a rezá-lo. (Proclamar Mateus 6,9-12.)

(Após a proclamação da Palavra de Deus o catequista faz a entrega do Pai-nosso e todos juntos rezam a oração: Pai nosso...)

(O ministro motiva a oração pela paz e o abraço da paz.)

Rito final

11 Entrega do Mandamento do Amor

(Inicia a entrega com o canto *Prova de amor maior não há, que doar a vida pelo irmão. Eis que vos dou o meu novo mandamento, amai-vos uns aos outros, como eu vos tenho amado.*)

Catequista: Entrego o terceiro documento da fé cristã, os Mandamentos. (Lucas 10,25-29)

Reflexão: O que este texto nos ajuda a crescer na fé? Ressalte os pontos que Jesus falou ao doutor da lei e continua nos falando hoje...

Catequista:

(Entrega os Mandamentos a cada catequizando. Conclui com a oração do Salmo 8,1-10.)

12 Oração conclusiva

Oremos: Deus eterno e todo-poderoso, sois o Pai de todos/ e criastes o homem e a mulher à vossa imagem./ Acolhei com amor estes nossos queridos irmãos e irmãs/ e concedei que eles, renovados pela força da Palavra de Cristo, que ouviram nesta assembleia,/ cheguem pela vossa graça/ à plena conformidade com vosso Filho Jesus./ Que vive e reina para sempre. Amém (cf. RICA, n. 95).

13 Despedida dos catequizandos

Catequista: Prezados catequizandos, vão em paz e o Senhor Jesus permaneça com vocês.

Catequizandos: Graças a Deus.

3.5 Celebração das entregas durante a missa

(Estas entregas devem ser anexadas à celebração realizada no tempo da Purificação e Iluminação, quando ocorrem as práticas quaresmais, nos ritos preparados pelos catequistas e equipes litúrgicas, podendo ser adequada à realidade local durante o catecumenato.)

1 Entrega do Símbolo Apostólico

Catequista: Candidatos, aproximem-se do altar e permaneçam em volta dele, para a entrega do Símbolo Apostólico.

(O catequista chama um por um pelo nome. Depois, quem preside dirige aos candidatos as palavras a seguir ou outras semelhantes.)

Quem preside: Caríssimos candidatos, parabéns pela sua caminhada de fé! Hoje, em nome da Igreja, entrego-lhes o resumo da doutrina da fé, assim como nos foi transmitida fielmente desde os apóstolos e que é expressa no chamado Símbolo Apostólico.

(Quem preside entrega a cada um o pergaminho ou canudo com o Símbolo Apostólico.)

Quem preside: Agora, ouçam a sua comunidade cristã professar a verdadeira fé.

(Quem preside e a comunidade dos fiéis recitam, solenemente, o Símbolo Apostólico. Os candidatos acompanham em silêncio, lendo no pergaminho.)

Comunidade: Creio em Deus Pai todo-poderoso...

2 Entrega da Oração do Senhor (no momento do Pai-nosso)

Catequista: Aproximem-se do altar os candidatos para a entrega da Oração do Senhor.

(Quem preside dirige aos candidatos as palavras a seguir ou outras semelhantes.)

Quem preside: Caríssimos candidatos, a Igreja lhes entrega o segundo precioso documento da fé cristã: a Oração do Senhor.

(Quem preside entrega a cada um o pergaminho ou canudo com o Pai-nosso.)

Quem preside: Agora, rezemos pausadamente, como irmãos e como filhos queridos do Pai do céu, a oração que o Senhor Jesus nos ensinou.

Todos: (de mãos dadas) Pai nosso...

3 Entrega do mandamento do amor (na bênção final)

Catequista: Caros candidatos, aproximem-se novamente do altar, para a entrega do mandamento do amor e para a bênção final.

Quem preside: Entrego-lhes o terceiro documento da fé cristã: o Mandamento do Senhor Jesus, o Amor. Foi assim que Jesus resumiu todos os mandamentos: amem a Deus; amem ao próximo, sobretudo os que sofrem; e amem-se uns aos outros, na comunidade!

(Quem preside entrega aos candidatos os canudos ou pergaminhos com o mandamento do amor. Depois, pede-lhes que se voltem para a assembleia e leiam, juntos e em voz alta, o mandamento do amor. Os candidatos leem pausadamente o mandamento do amor. Depois de cada frase, toda a assembleia responde ou canta, solenemente: *Amém*!)

Candidato 1: Diz o Senhor: "Ame ao Senhor seu Deus com todo o seu coração, com toda a sua alma, e com todo o seu entendimento – esse é o maior e o primeiro mandamento!"

Assembleia: Amém!

Candidato 2: Diz o Senhor: "Ame ao seu próximo como a si mesmo!"

Assembleia: Amém!

Candidato 3: Diz o Senhor: "Eu lhes dou um novo mandamento: amem-se uns aos outros. Assim como eu os amei, vocês devem amar-se uns aos outros. Se vocês tiverem amor uns pelos outros, todos reconhecerão que são meus discípulos".

Assembleia: Amém!

(Quem preside pede aos candidatos que se ajoelhem em frente ao altar para a bênção final. Depois, de mãos estendidas sobre eles, invoca a bênção do Senhor – toda a comunidade pode acompanhar o gesto. Pode ser usada uma das bênçãos solenes do Missal.)

Considerações finais

> *A Igreja peregrina é por sua natureza*
> *missionária, pois ela se origina na mis-*
> *são do Filho e na missão do Espírito*
> *Santo, segundo o desígnio de Deus Pai*
> (AG 2 apud COPPI, 1994: 13).

Esperamos ter apresentado uma proposta de trabalho que seja processo de iniciação à vida cristã e que fortaleça a fé de discípulos missionários do Senhor integrando, através de experiências bíblicas, litúrgicas e catequéticas, o conhecimento, o sentimento e o comportamento de quem deseja seguir Jesus Cristo e assumir sua vocação batismal.

A elaboração deste trabalho foi marcada pelo anseio de chegar às diversas realidades que devem ser atingidas, como grandes aglomerados de casas, condomínios, prédios residenciais, periferias e categorias profissionais que têm dificuldade com os horários convencionais.

Com este trabalho foi possível "viver a angústia" de pessoas que ainda não tiveram a oportunidade de fazer uma experiência pessoal com Deus, a partir de si mesmas, do encontro consciente com o próximo e com Jesus Cristo.

A necessidade de viver uma espiritualidade mais intensa, um aprofundamento maior da Palavra de Deus, por meio de Jesus Cristo, iluminado pelo Espírito Santo e oportunizada por grande número de catequistas anônimos, possa dar coragem às nossas comunidades de ir ao encontro do outro que ainda não teve oportunidade de experimentar Deus em sua vida.

Fraternalmente,

Os autores

Referências

ALBERICH, E. *Catequese evangelizadora*: manual de catequética fundamental. São Paulo: Salesiana, 2004 [Adaptação para o Brasil e América Latina: Luiz Alves de Lima].

BEHRENS, M.A. *O paradigma emergente e a prática pedagógica*. Petrópolis: Vozes, 2005.

Bíblia Sagrada – Edição da Família. Petrópolis: Vozes, 2005.

BLANKENDAAL, A.F. *Seguir o Mestre* – Vols. I e II: Batismo e/ou Confirmação e Eucaristia de Adultos; Plano geral da obra e adaptação catecumenal. São Paulo: Paulinas, 2007 [Coleção Água e Espírito].

BRUSTOLIN, L.A. *Caminho de fé* – Itinerário de preparação para o batismo de adultos e preparação para a Confirmação e Eucaristia de adultos batizados. 3. ed. São Paulo: Paulinas, 2007 [Coleção Água e Espírito] [Livro do catequista: BRUSTOLIN, L.A. & LELO, A.F.].

Catecismo da Igreja Católica. Petrópolis/São Paulo: Vozes/Paulinas/Loyola/Ave Maria, 1993.

CONFERÊNCIA NACIONAL DOS BISPOS DO BRASIL. *Ritual de iniciação cristã de adultos*. 4. ed. São Paulo: Paulinas, 2011.

COPPI, P. *Por uma Igreja toda missionária* – Breve curso de missiologia. São Paulo: Paulus, 1994.

"Documentos da CNBB, n. 26". *Catequese renovada*: orientações e conteúdo. São Paulo: Paulinas, 1983.

"Documentos da CNBB, n. 84". *Diretório Nacional de catequese*. São Paulo: Paulinas, 2006.

"Estudos da CNBB, n. 80". *Com adultos, catequese adulta*. São Paulo: Paulus, 2001.

"Estudos da CNBB, n. 97". *Iniciação à vida cristã*. São Paulo: Paulinas, 2009.

LELO, A.F. *Catequese com estilo catecumenal*. São Paulo: Paulinas, 2008 [Coleção Água e Espírito].

MARQUES, M.A. & NAKANOSE, S. *Sonhar de novo*: Segundo e Terceiro Isaías. São Paulo: Paulus, 2004.

NUCAP (NÚCLEO DE CATEQUESE PAULINAS). *Iniciação à Eucaristia* – Livro do catequista. São Paulo: Paulinas, 2008 [Coleção Água e Espírito].

_____. *Testemunhas do Reino: catecumenato crismal* – Livro do catequista. São Paulo: Paulinas, 2008 [Coleção Água e Espírito].

ZORZI, L. *Uma proposta de catecumenato com o Ritual da Iniciação Cristã de Adultos (Rica) simplificado*: para jovens e adultos não batizados na infância. São Paulo: Paulinas, 2006 [Coleção Despertar].

Os autores

Ir. Araceli G.X. da Roza: Filha da Caridade de São Vicente de Paulo. Participou do Instituto Superior de Pastoral Catequética do Regional Sul II. Participou do Curso de Atualização Teológica pela Pontifícia Universidade Salesiana de Roma, São Paulo. Participou do Curso de Metodologia Catequética pelo Instituto Teológico Pio XI, São Paulo. Coordenou o Curso de Atualização Teológica no Pio XI, São Paulo. Participou do Ibrades (Instituto Brasileiro de Desenvolvimento Social), Rio de Janeiro. Pela animação bíblico-catequética, foi coordenadora na Arquidiocese de Curitiba e coordenadora regional no Sul II. Criou a Escola Catequética Emaús, Curitiba, do Regional Sul II. Foi uma das incentivadoras da criação do Sulão de Catequese. É coautora da Coleção Crescer em Comunhão.

Manuel Freixo dos Santos: licenciado em Letras e Pedagogia pela Faclepp de Presidente Prudente. Foi professor e diretor escolar e, atualmente, supervisor de gestão escolar em Mato Grosso do Sul. Curso de Especialização (*lato sensu*) em Catequética – Pontifícia Universidade Católica do Paraná, Curitiba. Experiência na catequese com adolescentes, jovens e adultos, como catequista e coordenador, e coordenador regional da animação bíblico-catequética no Regional Oeste 1.

MARIA APARECIDA DOS SANTOS: licenciada em Ciências com habilitação em Ciências, Matemática e Biologia, pela Faclepp de Presidente Prudente. Foi professora, diretora escolar e supervisora de gestão escolar em Mato Grosso do Sul. Frequentou a Escola Catequética Emaús, Curitiba. Curso de Extensão Universitária sobre "Pedagogia Catequética", promovido pelo Programa de Pós-Graduação, Mestrado em Educação, Grupo de Pesquisa, Educação e Religião da Pontifícia Universidade Católica do Paraná e Equipe do Sulão, Curitiba. Curso de Especialização (*lato sensu*) em Catequética – Pontifícia Universidade Católica do Paraná, Curitiba. Experiência na catequese com adolescentes, jovens e adultos, como catequista e coordenadora, e coordenadora regional da animação bíblico-catequética no Regional Oeste I. Secretária executiva da CNBB Oeste 1. Professora de Teologia Laical no Instituto Teológico João Paulo II, Campo Grande.

Conecte-se conosco:

 facebook.com/editoravozes

 @editoravozes

 @editora_vozes

 youtube.com/editoravozes

 +55 24 2233-9033

www.vozes.com.br

Conheça nossas lojas:

www.livrariavozes.com.br

Belo Horizonte – Brasília – Campinas – Cuiabá – Curitiba
Fortaleza – Juiz de Fora – Petrópolis – Recife – São Paulo

  Vozes de Bolso

EDITORA VOZES LTDA.
Rua Frei Luís, 100 – Centro – Cep 25689-900 – Petrópolis, RJ
Tel.: (24) 2233-9000 – E-mail: vendas@vozes.com.br